Die Epiphanie des Augenblicks

Europäische Hochschulschriften
Publications Universitaires Européennes
European University Studies

Reihe XVIII
Vergleichende Literaturwissenschaft

Série XVIII   Series XVIII
Littérature comparée
Comparative Literature

Bd./Vol. 124

PETER LANG
Frankfurt am Main · Berlin · Bern · Bruxelles · New York · Oxford · Wien

Ina Ritter

Die Epiphanie des Augenblicks

Wahrnehmung und Projektion bei Rainer Maria Rilke und Jens Peter Jacobsen

PETER LANG
Internationaler Verlag der Wissenschaften

Bibliografische Information der Deutschen Nationalbibliothek
Die Deutsche Nationalbibliothek verzeichnet diese Publikation
in der Deutschen Nationalbibliografie; detaillierte bibliografische
Daten sind im Internet über <http://www.d-nb.de> abrufbar.

Gedruckt mit Unterstützung der
Österreichischen Forschungsgemeinschaft in Wien.

Gedruckt auf alterungsbeständigem,
säurefreiem Papier.

ISSN 0721-3425
ISBN 978-3-631-58150-6
© Peter Lang GmbH
Internationaler Verlag der Wissenschaften
Frankfurt am Main 2009
Alle Rechte vorbehalten.

Das Werk einschließlich aller seiner Teile ist urheberrechtlich geschützt. Jede Verwertung außerhalb der engen Grenzen des Urheberrechtsgesetzes ist ohne Zustimmung des Verlages unzulässig und strafbar. Das gilt insbesondere für Vervielfältigungen, Übersetzungen, Mikroverfilmungen und die Einspeicherung und Verarbeitung in elektronischen Systemen.

Printed in Germany 1 2 3 4 5   7

www.peterlang.de

Für B.

Ich bin toll.
Doch ich kenn' meinen Wahnsinn,
seinen Ursprung und sein Wesen.
Ich bin toll, und nun will ich singen;
doch ich weiß, ich bin stumm,
und die Saiten, die ich schlage,
sind Eisenstäbe meiner Zelle.

> Jens Peter Jacobsen:
> *Monomanie (Eine Arabeske.)*

Vorwort

Das vorliegende Buch widmet sich einem ebenso anspruchsvollen wie noch kaum erforschten Thema, nämlich den wahrnehmungstheoretischen Konzeptionen in Rainer Maria Rilkes großem Roman ‚Die Aufzeichnungen des Malte Laurids Brigge', und zwar – auch dies noch weitgehend Neuland – im Hinblick auf seine Rezeption der dänischen Literatur und Philosophie.

Im 1. Kapitel dokumentiert die Autorin eine Fülle noch kaum beachteter Anregungen Rilkes durch Jens Peter Jacobsen. Neben zahlreichen motivischen Anklängen betrifft dies vor allem die romantische Problematisierung des Ich, deren philosophische Grundlagen und Weiterentwicklungen im zweiten Kapitel erschlossen werden, wobei sich die Bezüge zu Kierkegaard und Simmel als besonders ergiebig erweisen. - Kapitel 3 und 4 belegen in eindrucksvoller Weise die Wahrnehmungskrise des prekär gewordenen Subjekts, aus dessen Aporien fragmentierter Großstadt-Perzeption einzelne Augenblicke epiphan verdichteter Erfahrung den Weg in innere, erinnerte und schließlich imaginäre Räume weisen. – Diese Dynamik der Psychologisierung des Raumes und der Verräumlichung des Seelischen als Konstruktionsprinzip Rilkes aufgezeigt zu haben, ist die Leistung der vorliegenden Untersuchung.

Dem klaren und präzisen Argumentationsgang entsprechend, zeichnet sich die Schrift von Ina Ritter durch sprachliche Sensibilität und stilistische Prägnanz aus und damit auch durch erfreuliche Lesbarkeit.

Der Umfang einer Qualifikationsarbeit, wie sie diesem Buch zugrundeliegt, ist begrenzt. Trotz der vorgegebenen Kürze der Darstellung wird im Vergleich der Autoren Jacobsen und Rilke hier jedoch in höchst überzeugender Weise übergreifende neue Erzähllogik aufgezeigt, deren innovative Ansätze zu weiterführenden Untersuchungen anregen.

Wien 2008   Prof. Dr. Irmgard Egger

Inhaltsverzeichnis

Einleitung 13
1. Rainer Maria Rilke und Jens Peter Jacobsen:
Aus einem Wesen hinüberwandelnd in ein nächstes 19
   1.1 Spiegelungen: Niels Lyhne – Malte Laurids Brigge 21
   1.2 Kindheit und mütterliche Deutungsweisen 24
      1.2.1 Prägung und begrenzte Identität 25
      1.2.2 Überspanntheiten – Ausgeweitete Sublimierung 26
   1.3 Tod und väterliche Abwesenheit 28
      1.3.1 Erschütterung – Niels Lyhne 28
      1.3.2 Distanzierung – Malte Laurids Brigge 29
      1.3.3 Determination – Auswege 30
   1.4 Verrätselung – Verdinglichung 32
      1.4.1 Räume – Verortungen 33
      1.4.2 Dissoziierung und Resignation 37
      1.4.3 Bewusstsein und Depersonalisation 39
2. Ausweitung und Exponiertheit des Selbst:
Und werfe mich ab und bin ganz allein / in dem großen Sturm 43
   2.1 Johann Gottlieb Fichte – Souveränität des Ich über die Welt 48
   2.2 Søren Kierkegaard – Alles wesentliche Erkennen betrifft die Existenz 50
   2.3 Ernst Mach – Das unrettbare Ich 54
   2.4 Georg Simmel – Zeitgeschichtliche Auflösung alles Substantiellen 56
3. Wahrnehmungsweisen der Moderne und die Epiphanie des Augenblicks 61
   3.1 Kindliche Raumwahrnehmung in Dänemark:
   Die Existenz des Entsetzlichen [...]. Du atmest es ein. 64
   3.2 Gebrochene Raumwahrnehmung in Paris:
   Die großen Städte sind nicht wahr, sie täuschen den Tag, die Nacht 69
   3.3 Imaginierte Räume und ihre Bruchstellen:
   Es gibt eine Fremdheit des Alltäglichen 73
      3.3.1 Ambivalente Bücherwelten – Versuchte Absicherung 77
      3.3.2 Ein Moment des Stillstandes – *Die Krankheit zum Tode* 81
      3.3.3 Eingerahmte Lebensmomente – Rückzug in innere Räume 85
   3.4 Die Topographie der Seele –
   Visualisierte Schutzräume und überlagernde Sinnebenen 92
4. Verräumlichung der Seele – Aufgehen in imaginären Räumen 99
   4.1 Reflexionsräume – Verstörende Nähe der Ferne 101
   4.2 Das Eigenleben der Dinge: Rufzeichen des Raums, die sagen: Hier! 104
   4.3 Verschwinden im Gedächtnisraum: *Nein, er wird fortgehen.* 109
Zusammenfassung: Diese lautlosen Verwandlungen des Lebens 113
Bibliographie 117
   Primärliteratur 117
   Sekundärliteratur und Quellen 117

> Das Schicksal liebt es, Muster und Figuren zu
> erfinden. Seine Schwierigkeit beruht im Kom-
> plizierten. Das Leben selbst aber ist schwer
> aus Einfachheit. Es hat nur ein paar Dinge von
> uns nicht angemessener Größe.[1]

Einleitung

Im ausgehenden 19. Jahrhundert erfährt die skandinavische Literatur einen immensen Bedeutungszuwachs, in dieser Epoche der Literaturgeschichte „drehte sich das Rezeptionsgefälle zwischen den Literaturen neu, und die dänische, schwedische und norwegische Literatur wurde zu einem wesentlichen Wegbereiter der literarischen Moderne im deutschen Sprachraum."[2] Auf das Phänomen dieser Wechselbeziehung deutscher und nordeuropäischer Literaturen, ihrer literaturgeographischen Vernetzung und die damit einhergehenden ästhetischen Konsequenzen soll zu Beginn kurz eingegangen werden, um so den vielfältigen Kontext der skandinavischen Lektüren Rainer Maria Rilkes (1875-1926) zu veranschaulichen.

Eine wichtige Vermittlerrolle hierbei spielt Georg Brandes (1842-1927), den Rilke im Herbst 1904 in Kopenhagen persönlich kennenlernen wird.[3] Nach Reisen durch Deutschland, Frankreich, Italien und der Schweiz hält Brandes 1871 an der Universität Kopenhagen eine Vorlesungsreihe über die *Hauptströmungen in der Literatur des 19. Jahrhunderts*. In der Einleitung zu dieser komparatistischen Literaturgeschichte fordert er nicht nur politische Freiheit, sondern vor allen Dingen eine Freiheit des Geistes: „[E]s ist vielmehr die ganze Gesellschaftsanschauung, welche das jüngere Geschlecht von Grund aus umbilden und aufpflügen muß, bevor eine neue Literatur entstehen kann."[4] Mit seinen kritischen Überlegungen wird er zum Katalysator des literarischen Epochenwechsels, in deren Zusammenhang auch der Beginn der Moderne in Skandinavien zu sehen ist. Die theoretischen Reflexionen finden ihren Eingang in die literarische

---

1 Rainer Maria Rilke: *Die Aufzeichnungen des Malte Laurids Brigge*. (= Rainer Maria Rilke: *Sämtliche Werke*. Bd. 6) Frankfurt am Main 1966, S. 898. (Im folgenden: MB)
2 Christine Barz: *Weltflucht und Lebensglaube. Aspekte der Dekadenz in der skandinavischen und deutschen Literatur um 1900*. Leipzig/Berlin 2003, S. 13.
3 Vgl. Wolfgang Leppmann: *Rilke. Sein Leben, seine Welt, sein Werk*. Wiesbaden 1996, S. 239. Am 24. Juni 1904 schreibt Rilke an seine Frau Clara: „Seltsam, Brandes hat in demselben Hotel ein Zimmer für Bücher, die er in seiner im Nebenhaus gelegenen Wohnung nicht mehr unterbringt!" Vgl. Rainer Maria Rilke: *Briefe aus den Jahren 1902-1906*. Hg. v. Ruth Sieber-Rilke u. Carl Sieber. Leipzig 1930, S. 170.
4 Georg Brandes: Einleitung. In: Ders.: *Die Emigrantenlitteratur*. Bd. 1 (= Georg Brandes: *Die Hauptströmungen der Litteratur des neunzehnten Jahrhunderts. Vorlesungen, gehalten an der Kopenhagener Universität*. 6 Bde. Übers. u. eingel. v. Adolf Strodtmann.) Leipzig 1897, S. 1-16, hier: S. 16.

Gestaltung zahlreicher Werke, im Vordergrund steht nun die direkte gesellschaftspolitische Relevanz gemeinsam mit der ästhetischen Radikalität ihrer Umsetzung.[5]

Die skandinavische Erfolgsgeschichte in Deutschland[6] beginnt mit Henrik Ibsen (1828-1906), der von 1889 bis 1893 in Berlin lebte, Berlin wird damit gleichsam zur „Ibsen-Stadt".[7] Aber auch die Aufenthalte von Brandes, August Strindberg (1849-1912), Bjørnstjerne Bjørnson (1832-1910) oder Arne Garborg (1851-1924) in Deutschland tragen zur Auseinandersetzung mit den nordeuropäischen Literaturen bei. Die Quellenbibliographie von Robert Fallenstein und Christian Hennig gibt einen umfassenden Überblick über das „deutschsprachige Echo auf den sogenannten ‚modernen Durchbruch' in der Literatur der skandinavischen Länder."[8]

Der Verleger Samuel Fischer (1859-1934) kommt nun diesem steigenden Interesse an skandinavischer Literatur nach und publiziert als überhaupt erste literarische Produktion seines Verlages Henrik Ibsens Schauspiel *Rosmersholm* (1886). Zu dieser Entscheidung hat wesentlich ein Däne mit ungarischen Wurzeln beigetragen, nämlich Johann Peter Julius Hoffory (1855-1897), der System und Einheitlichkeit in das herrschende „Übersetzungschaos" bringen wollte: so waren etwa von Ibsens *Brand* innerhalb von neun Jahren vier Übersetzungen unterschiedlichen Niveaus erschienen.

Schon 1884 hegte Hoffory so auch Pläne für eine skandinavische Bibliothek. Durch seine Vermittlung wechselt Ibsen vom Reclam- zum S. Fischer Verlag und auf ihn geht auch die Bekanntschaft Fischers mit der renommierten Übersetzerin Marie von Borch (1853-1895) zurück, die nun die Übersetzungen der Theaterstücke Ibsens übernimmt.[9] Fischer begegnet Ibsen das erste Mal im März 1889. Bei diesem Treffen wird die Herstellung einer Gesamtausgabe aller Dramen vereinbart. Diese erscheint schließlich in den Jahren von 1890-1895 in vier Bänden.[10] Von 1889 bis 1891 wird als Reihe des Fischer-Verlages die *Nordische Bibliothek* realisiert; eine „Sammlung moderner Erzählungen und Schau-

---

5 Vgl. Annegret Heitmann: Die Moderne im Durchbruch (1870-1910). In: *Skandinavische Literaturgeschichte*. Hg. v. Jürg Glauser. Stuttgart/Weimar 2007, S. 183-214, hier: S. 190f.
6 Auf die Bedenklichkeit der Berufung mancher Rezensenten auf gemeinsame „germanisch-nordische" Wurzeln sei hier ausdrücklich hingewiesen, wenngleich sie für unsere Fragestellungen keine Rolle spielt.
7 Heitmann 2007, S. 201f.
8 Robert Fallenstein u. Christian Hennig: *Rezeption skandinavischer Literatur in Deutschland 1870-1914*. (= *Skandinavische Studien. Beiträge zur Sprache, Literatur und Kultur der nordischen Länder*. Hg. v. Otto Oberholzer. Bd. 7). Neumünster 1977, S. 7.
9 Vgl. Peter de Mendelssohn: *S. Fischer und sein Verlag*. Frankfurt am Main 1970, S. 73-79.
10 Vgl. Reiner Stach: *100 Jahre S. Fischer Verlag 1886-1986. Kleine Verlagsgeschichte*. Frankfurt am Main 1986, S. 17.

spiele aus dem Dänische, Norwegischen, Schwedischen übersetzt."[11] Neben Ibsen werden in der Folge Autoren wie Knut Hamsun, Ellen Key oder Johannes V. Jensen in Übersetzungen präsentiert. Eine Zusammenarbeit mit Rilke wird jedoch nicht zustande kommen; obwohl Rilke mit Samuel Fischer und seiner Frau Hedwig freundschaftlich verbunden ist, schlägt er dessen Angebot aus: „Ich würde meinen, ein doppeltes Spiel zu spielen, wenn ich Ihnen verschwiege, [...] daß ich mich dem Gefühle nach bis zu einem gewissen Grade an den Insel-Verlag gebunden halte, der sich sehr entschlossen jener Bände angenommen hat, die bisher meine wichtigsten sind."[12]

Betrachten wir nun die Skandinavien-Rezeption speziell in Rilkes Umfeld, so finden sich hier zahlreiche, zum Teil auch unerwartete Verweise. George C. Schoolfield etwa erwähnt in seinem Aufsatz *Rilke und Skandinavien* unter anderem den tschechischen Zeitgenossen Karl Hans Strobl (1877-1946). Dieser bemüht in seinem Debütroman *Die Vaclavbude* (1902) den dänischen Astronomen Tyche Brahe (1546-1601), um die Abscheu vor Prag und die Sehnsucht nach der Weite und Helle Dänemarks zu formulieren.[13] Eben diesem dänischen Adelsgeschlecht Brahe werden wir auch bei Rilke wieder begegnen.

Die Begeisterung deutscher Autoren für die skandinavischen Literaturen findet ihren Niederschlag in der nordischen Namensgebung der Protagonisten – so z.B. Franziska von Reventlows Roman *Ellen Olestjerne* (1903). Reventlow war mit den Damen Ibsens vertraut und läßt dies auch in den Roman einfließen; in Lübeck gehörte sie einem der vielen im wilhelminischen Deutschland gegründeten „Ibsen-Clubs" an. Diese Vereinigungen waren in vielen Städten von oppositionellen bürgerlichen Jugendlichen gegründet worden; es wurden nicht nur die Texte Ibsen rezipiert, sondern auch Bücher anderer skandinavischer Autoren ausgetauscht.[14]

Aber auch literarische Schauplätze werden in den Norden verlegt; so veröffentlicht Max Brod (1884-1968) 1908 den *Roman Schloß Nornegygge. Roman des Indifferenten*. Der Protagonist Walder Nornepygge bewegt sich in dekadenten Kreisen; der Zugang zur „Differenzierten-Loge" benötigt jedoch kein Codewort, wie etwa die Parole „Dänemark" in Arthur Schnitzlers *Traumnovelle* von 1926. Nähere geographische Angaben werden in Brods Text nicht gegeben, so wird die dem Schloß nächstgelegene Ortschaft lediglich – und im Text tatsächlich in Anführungszeichen gesetzt – „Stadt" genannt; was bleibt, ist indes die skandinavische Aura.

---

11 Auszug aus dem Verlagsprospekt. Zitiert nach: Knut Beck: *100 Jahre S. Fischer Verlag 1866-1986. Eine Bibliographie*. Frankfurt am Main 1986, S. 17.
12 *Samuel Fischer – Hedwig Fischer. Briefwechsel mit Autoren*. Hg. v. Dierk Rodewald u. Corinna Fiedler. Frankfurt am Main 1989, S. 577.
13 Vgl. George C. Schoolfield: Rilke und Skandinavien. In: *Rilke – ein europäischer Dichter aus Prag*. Hg. v. Peter Demetz u.a. Würzburg 1998, S. 115-125, hier: S. 116.
14 Vgl. Ulla Egbringhoff: *Franziska zu Reventlow*. Reinbek bei Hamburg 2000, S. 28f.

Das kurioseste Beispiel für die Inanspruchnahme des Nordens ist wohl das Werk *Papa Hamlet* (1889) der Autoren Arno Holz (1863-1929) und Johannes Schlaf (1862-1941), das unter dem Pseudonym Bjarne P. Holmsen veröffentlicht wurde. Mit dieser von ihnen erfundenen Figur eines norwegischen Schriftstellers, dessen Vita – vage erinnernd an die Knut Hamsuns – in der Einleitung des ebenfalls fingierten Übersetzers Dr. Bruno Franzius ausführlich vorgestellt wird, sollte dem „Band Erzählungen eine Aufmerksamkeit [...] verschaffen, die deutsche Schriftsteller kaum erwarten konnten."[15]

Beschränkt sich der Einsatz skandinavischer Diskurse bei den angeführten Texten auf den äußeren Rahmen, so erfährt er beispielsweise bei Thomas Mann (1875-1955) inhaltliche Resonanz. Uwe Ebel weist für Thomas Manns Roman *Buddenbrooks. Verfall einer Familie* (1901) das Einbeziehen norwegischer Literatur nach, und zwar besonders die zwei Garman-Romane Alexander Kiellands (1849-1932).[16] Zunächst zeigt Ebel die Relevanz von Georg Brandes' *Hauptströmungen* als Quellentext für die Konzeption der älteren Generation der Buddenbrooks auf.[17] An Kiellands Romanen *Garman & Worse* (1880, 1883 dramatisiert gemeinsam mit Brandes[18]) und *Skipper Worse* (1882) werden dann die Übereinstimmungen der Genealogie einer Familienchronik über vier Generationen untersucht, nicht ohne explizit auf die Transformation und Umstrukturierung durch erweiternde Variationen und Modifikationen bei Thomas Mann hinzuweisen.[19]

Die Faszination, Adaption und kreative Umformung skandinavischer Literaturen führen nun zu Rainer Maria Rilke.[20] Er erhält die Inspiration für seinen Roman *Die Aufzeichnungen des Malte Laurids Brigge* zunächst vor allem durch den dänischen Schriftsteller Jens Peter Jacobsen (1847-1885). Dessen zwei große Romane *Fru Marie Grubbe* (1878) und *Niels Lyhne* (1880)[21] stehen noch in

---

15 Fritz Martini: Nachwort. In. Arno Holz, Johannes Schlaf: *Papa Hamlet. Ein Tod.* Stuttgart 1963, S. 103-117, hier: S. 103.
16 Uwe Ebel: *Rezeption und Integration skandinavischer Literatur in Thomas Manns ‚Buddenbrooks'.* (= Skandinavische Studien. Hg. v. Otto Oberholzer. Bd. 2). 1974, S. 31.
17 Zur Rezeption Georg Brandes durch Thomas Mann vgl. auch Uwe Ebel: *Die Kunst als Welt der Freiheit. Studien zur Werkstruktur und Werkabsicht bei Thomas Mann.* Metelen/Steinfurt 1991.
18 Vgl. den Artikel von Marianne Zibrandtsen: Kielland, Alexander. In: *Den Store Danske Encyklopædi.* Tiente Bind. København 1998², S. 478, Sp. 1-2.
19 Ebel 1974, S. 206.
20 Rilke ist einer der ersten Rezensenten des Buddenbrook-Romanes; er verweist hier besonders auf die tragische Figur des Hanno Buddenbrook. Vgl. Horst Nalewski: *Rainer Maria Rilke in seiner Zeit.* Leipzig 1985, S. 88f.
21 Jens Peter Jacobsen: *Niels Lyhne.* Übers. v. Marie von Borch. Stuttgart 1984. (Im folgenden: NL) Es wurde diese Übersetzung gewählt, da Rilke selbst die bei Reclam erschienene älteste Übertragung des Textes durch von Borch bevorzugte. Vgl. Rainer Maria Rilke: *Briefe in zwei Bänden 1919 bis 1926.* 2. Bd. Hg. v. Horst Nalewski. Frankfurt am Main 1991, S. 341.

romantischer Tradition, sie beschreiben die „Diskrepanz von Illusion und Wirklichkeit am Beispiel von Menschen, deren Streben nach Schönheit und Idealität sie an der Realität vorbeileben läßt."[22] Am 09.05.1904 schreibt Rilke von Rom aus an Lou Andreas Salomé:

> Vermutlich werde ich zuerst zu Jacobsen kommen. Du glaubst nicht, wie notwendig er mir geworden ist... es ist sogar so, daß man, wenn man irgendwo im Wichtigen geht, sicher sein kann, an einer Stelle herauszukommen, wo auch er ist (wenn man weit genug geht).[23]

Kurz danach reist Rilke nach Skandinavien, am 24. Juni kommt er in Kopenhagen an. In den Monaten davor hat er begonnen, Dänisch zu lernen, um unter anderem Søren Kierkegaard im Original lesen zu können.[24] In seinen Werken *Der Begriff Angst* (1844) und *Die Krankheit zum Tode* (1849) geht Kierkegaard der Selbsterfahrung der menschlichen Existenz und der Erfahrung der Fremdheit der Welt in der Spiegelung des Ich nach und wird damit zu einem weiteren wichtigen Bezugspunkt für Rilke. Diesen skandinavischen Einflüssen soll in der vorliegenden Arbeit im ersten Abschnitt nachgegangen werden.

Dazu sind aber auch die Vorgaben der kritischen Neuorientierung des Selbst aus der deutschen Romantik zu berücksichtigen, im besonderen Johann Gottlieb Fichtes *Grundlage der gesamten Wissenschaftslehre* (1794/95). Mit seinem philosophischen Modell der Absolutsetzung des Ich fließt eine neue Perspektive in die Literatur ein, die bis in die Moderne um 1900 (und darüber hinaus) Einfluß haben wird. Das wahrnehmende Ich wird zur alleinigen Instanz der Welterfahrung; in zunehmendem Maße auch zur Instanz ihrer Erosionen. Konnte der romantische Protagonist die Welt noch visualisieren, erschaffen, erträumen, verändern oder negieren, so erfährt das Ich der Moderne Brüche in seiner Subjekterfahrung.

Die visionäre Komponente der Romantik wird von Jacobsen und Rilke zwar noch aufgegriffen, versagt jedoch zunehmend als Instanz der Setzung von Ich und Welt. Das schöpferische Ich erfährt nun die existentielle Isolation des Einzelnen, und so wird in beiden Romanen der Erinnerungsraum der Kindheit zum imaginären Rückzugsraum. Diese spezifische Dynamik der erinnerten Vergangenheit sowie deren Übereinstimmungen werden in Kapitel 1 untersucht. Sowohl Lyhne als auch Brigge versuchen dabei, über die subjektive Wahrnehmung des Ich in Bezug auf ihre Mitmenschen die Angst vor der Nichtigkeit des Seins aufzuheben.

---

22 Wolfgang Butt: Der moderne Durchbruch und die Zeit bis zur Jahrhundertwende. In: *Grundzüge der neueren skandinavischen Literatur*. Hg. v. Fritz Paul. Darmstadt 1982, S. 147-214, hier: S. 156.
23 Rilke: *Briefe 1902-1906*, S. 156.
24 Vgl. Hans Egon Holthusen: *Rainer Maria Rilke*. Hamburg 2004^{35}, S. 81.

Der Vielfalt philosophisch-literarischer Einflüsse und theoretischer Bezüge, die Rilkes Roman besonders im Hinblick auf unsere Fragestellungen prägen, wird in Kapitel 2 nachgegangen. Rilke entlässt seinen Protagonisten in die Großstadt Paris, um diesen hier in einer Dichterexistenz einem neuerlichen Selbstfindungsprozess zu unterziehen. Brigge erfährt hier bedingungslos, dass das Ich in der Welt und die Welt im Ich ist. Fremde Wirklichkeiten führen ihn in wahrgenommenen Augenblicken – Epiphanien erschreckender Nähe – zu einem Selbstbegriff, der sich wie unter einem Mikroskop in diffizile Bestandteile auflöst. In der Annäherung an fremde Lebensräume versucht Brigge aus Nähe und Distanz ein eigenes Lebensgefühl zu entwickeln, das sich zunehmend in imaginären Räumen verdichtet. Diesen Wahrnehmungen und Projektionen gilt das Erkenntnisinteresse der vorliegenden Untersuchung.

> [U]m 10 Uhr in Kopenhagen. Eine Stadt ohnegleichen, seltsam unaussprechlich, ganz in Nuancen vergehend. [...] Man fühlt I.P. Jacobsen, Kierkegaard, hört die Sprache wie Auslegung von alledem.[25]

1. Rainer Maria Rilke und Jens Peter Jacobsen: *Aus einem Wesen hinüberwandelnd in ein nächstes*[26]

In zahlreichen Briefen ist Rilkes Affinität zu den skandinavischen Ländern[27] belegt, besonders auch zum Werk Jens Peter Jacobsens. Die vorliegende Arbeit geht zunächst diesem Bezug in Rilkes Schaffen nach, erwähnt er doch explizit in einem Brief an Ellen Key[28] vom 14. Februar 1904: „Einflüsse von Jacobsen, Jens Peter Jacobsen, den die Leute vergessen, und der mir der Liebste, Nächste und Gebendste ist: der Unerschöpfliche, der sah und wusste."[29]

Rilkes erste Lektüre findet in den Jahren 1896/97 in München statt: „ich war damals sehr unreif und las, mehr ahnungsvoll als schauend, erst Niels Lyhne, später Marie Grubbe. Seither sind diese Bücher [...] in all meinen Entwicklungen wirksam gewesen."[30] Bengt Algot Sørensen weist darauf hin, dass sich Rilkes Jacobsen-Bild in den folgenden Jahren wandelt bzw. vertieft und der dänische Dichter ihm „eine wesentliche Hilfe wurde, die eigenen unreifen Anfänge zu überwinden und sich den dekadenten und ästhetizistischen Strömungen zu entziehen".[31] - Diese Sichtweise erscheint bedeutungsvoll, birgt doch eine Reduzierung des Werkes auf Dekadenz und Ästhetizismus die Gefahr einer Verharmlosung des Textes, der aufgrund seiner existentiellen Formfindungssuche als über die Zeit seiner Entstehung herausragend zu lesen und zu verstehen ist.

---

25 Rilke: *Briefe 1902-1906*, S. 186.
26 Zeile aus Rilkes Gedicht *Komm, wann du sollst*, November 1912, Toledo. In: Rainer Maria Rilke: *Gedichte 1906 bis 1926*. Hg. v. Ernst Zinn. Wiesbaden 1953, S. 531.
27 Vgl. dazu die knappe, aber prägnante Zusammenfassung der Einflüsse von Hermann Bang, Sigbjørn Obstfelder und anderen bei: Steffen Steffensen: *Rilke und Skandinavien*. Kopenhagen 1958, S. 37-58
28 Rilke schreibt am 06.09.1902 seinen ersten Brief an die schwedische Frauenrechtlerin, Pädagogin, Literatur- und Kulturkritikerin Ellen Key, sie war zu dieser Zeit 52 Jahre alt und eine weithin bekannte Größe in Skandinavien und der deutschsprachigen Welt. Vgl.: Theodore Fiedler: Vorwort. In: Rainer Maria Rilke: *Briefwechsel mit Ellen Key*. Frankfurt am Main 1993, S. VII-XVIII, hier: S. VII.
29 Rilke: *Briefwechsel Ellen Key*, S. 53.
30 Ebd. S. 70.
31 Bengt Algot Sørensen: Dekadenz und Jacobsen-Rezeption in der deutschen Literatur. In: *Horizonte. Festschrift für Herbert Lehnert*. Hg. v. Hannelore Mundt, Egon Schwarz, William J. Lillyman. Tübingen 1990, S. 92-111, hier: S. 105.

Das wesentliche Motiv des Schaffens – neben einer neuen Positionierung des Menschen in der ihn umgebenden Natur – ist Jacobsens[32]

> ständige[s] Ringen zwischen Traum und Wirklichkeit [...]. Seine dichterische Phantasie wurde durch intensives Lesen beflügelt, das auch Goethes und Shakespeares Gesamtwerk umfaßte. Bei H. C. Andersen lernte er, die Alltagssprache zu meistern. Kierkegaard schärfte seinen stilistischen Sinn und weckte sein Interesse für das psychologische Experiment.[33]

An Jacobsens Roman *Niels Lyhne* soll in den folgenden Kapiteln die Intertextualität und die gesteigerte Umformung des Ausgangstextes durch Rilke nachgewiesen werden, und zwar besonders an den Kindheitserfahrungen der Protagonisten bzw. deren Auseinandersetzungen mit ihren Eltern. In diesem Sinne stellt Erik Lunding bereits 1971 fest, dass bei einem eingehenden Vergleich der beiden Autoren Rilkes Text eine neue Dimension und Tiefenperspektive gewinnt, die man bei Jacobsen vergebens sucht.[34]

Sowohl Jacobsen als auch Rilke entwickeln ein Stationen-Drama in das Innere des Bewusstseins der Protagonisten. Die Kindheitstraumata versperren einerseits die Möglichkeit zur Realitätsbewältigung, setzen jedoch – vor allem bei Rilke – Kräfte der Selbststilisierung frei, in welcher die Grenzen eines konventionellen Lebens überschritten werden können.
Diese Selbstbezogenheit und obsessive Selbstbeobachtung führt bei beiden Autoren zu Fragmentierung und Entfremdung des Ich und der Welt. Ist der Protagonist bei Jacobsen im persönlichen Erfahrungshorizont verhaftet, reflektiert Rilke in der Sinnsuche Brigges auch zeitdiagnostische Gesellschaftskonzepte.

---

32 Jacobsen studierte an der Universität Kopenhagen Botanik. Er verfaßte u.a. populärwissenschaftliche Artikel über Charles Darwin. Zu seiner Lektüre gehörten die Werke von Hippolythe Taine und Ludwig Feuerbach. Vgl.: Horst Nägele: *J.P. Jacobsen*. Stuttgart 1973, S. 38.
33 Sven Hakon Rossel: *Skandinavische Literatur 1870-1970*. Stuttgart 1973, S. 14.
34 Erik Lunding: Jens Peter Jacobsen. In: *Probleme des Erzählens in der Weltliteratur*. Hg. v. Fritz Martini. Stuttgart 1971, S. 195-211, hier: S. 200.

> ... Ach, daß ich kein ländliches Elternhaus habe, nirgends auf der Welt eine Stube mit ein paar alten Dingen und einem Fenster, das in große Bäume sieht.[35]

1.1 Spiegelungen: Niels Lyhne – Malte Laurids Brigge

Jacobsens Protagonist Lyhne erlebt eine scheinbar behütete Kindheit auf dem Gut Lönborggaard. Wir begleiten seinen Lebensweg vom Kind bis zu dem erwachsenen Mann, der romantisch-inspirierte unglückliche Lieben zu bestehen hat. Er wird folgendermaßen geschildert:

> [I]hn, Niels Lyhne von Lönborggaard, der dreiundzwanzig Jahre alt war, ein wenig vornübergebeugt ging, schöne Hände und kleine Ohren hatte, der mutlos war und wollte, daß sie ihn liebe und nicht den idealisierten Nikolaus der Träume [...]. Jetzt begann er mit der Leidenschaft eines Entdeckers, sich selbst aus Kindheitserinnerungen, Kindheitseindrücken, aus den lebendigen Augenblicken seines Lebens zusammenzusetzen. (NL 84)

Rilke überschreitet diesen Ansatz, indem sein Protagonist nicht nur von *Mutlosigkeit* betroffen, sondern existentiell mit dem Phänomen des *Nichts* konfrontiert ist. Die Strategie, über Erinnerungen Auskunft über die eigene Identität zu bekommen, verfolgt indes auch Rilkes Figur des Brigge:

> Es ist lächerlich. Ich sitze hier in meiner kleinen Stube, ich, Brigge, der achtundzwanzig Jahre alt geworden ist und von dem niemand weiß. Ich sitze hier und bin nichts. Und dennoch dieses Nichts fängt an zu denken und denkt, fünf Treppen hoch, an einem grauen Pariser Nachmittag diesen Gedanken: Ist es möglich, denkt es, daß man noch nichts Wirkliches und Wichtiges gesehen, erkannt und gesagt hat? (MB 726)

Beide Textpassagen lesen sich wie eine Referenz an Søren Kierkegaard, der in seinem Tagebuch festhält:

> ein faktischer, bestimmter einzelner Mensch, z.B. nun ich, Sören Aabye Kierkegaard, 35 Jahre alt, dünn gebaut, Magister artium [...], wohnhaft da und da, kurz diese ganze Konkretion von Unbedeutenheiten.[36]

---

35 Rilke: *Briefe 1902-1906*, S. 148.
36 Sören Kierkegaard: *Die Tagebücher 1834-1855*. Hg. u. übers. v. Theodor Haecker. Leipzig 1941², S. 327.

Die Beschreibungen von Brigges Ist-Zustandes sind immer auch geprägt von den sehnsuchtsvollen und von Schwermut getragenen Kindheitserinnerungen Brigges; sie sind überschattet vom Verlust des Elternhauses:

> Und man hat niemand und nichts und fährt in der Welt herum mit einem Koffer und mit einer Bücherkiste. [...] Was für ein Leben ist das eigentlich: ohne Haus, ohne ererbte Dinge, ohne Hunde. Hätte man doch wenigstens seine Erinnerungen. Aber wer hat die? Wäre die Kindheit da, sie ist wie vergraben. Vielleicht muß man alt sein, um an das alles heranreichen zu können. (MB 721)

Im Gegensatz zu Brigge kann sich Lyhne seinen Traum erfüllen und auf das elterliche Gut zurückkehren:

> Er wollte fühlen, daß etwas wie ein Heim ihn umschlösse, ihn an sich zöge und ihn festhielt, ganz gleich wie. Er konnte die Gleichgültigkeit des Daseins nicht länger ertragen, dies losgelassen-werden von allen Seiten und Auf-sich-selbst-zurückgeworfen-sein. [...] Er wollte wenigstens ein Heim haben; er wollte ihn liebgewinnen, diesen Fleck, im großen wie im kleinen, jeden Stein, jeden Baum, Lebloses und Lebendes, sein Herz daran verteilen, so daß es ihn nie mehr loslassen konnte. (NL 198)

Lyhne findet zwar ein Heim, nicht jedoch sein Glück. Nach dem Tod seiner Familie meldet er sich als Freiwilliger im deutsch-dänischen Krieg (16.01. bis 30.10.1864). Von Gott abgewandt, erfährt er im Sterben „die große Traurigkeit, daß die Seele stets allein ist. Es war eine Lüge, jeder Glaube an die Verschmelzung von Seele und Seele." (NL 216) Er stirbt „den Tod, den schweren Tod." (NL 218)[37] – Bei Brigge gestaltet sich das Ende hoffnungsvoller: „Was wußten sie, wer er war. Er war jetzt furchtbar schwer zu lieben, und er fühlte, daß nur Einer dazu imstande sei. Der aber wollte noch nicht." (MB 946)[38]

Sowohl bei Jacobsen als auch bei Rilke werden romantische Inszenierungen eines exzentrischen Künstler-Ichs, dem es nicht gelingt, sich selbst gestalterisch umzusetzen, berücksichtigt. In seinem Werk erschafft Jacobsen

> Farben und Töne, wo wir ein Nichts, einen leeren Raum erblicken, es gab für ihn gewissermaßen eine vierte Dimension, die uns andern verborgen blieb, jedes Ding führte für ihn ein besonderes Leben, das wir bisher nicht gekannt, dessen Dasein wir nicht geahnt, und das wir nun doch als etwas Vorhandenes, Wirkliches anerkennen müssen. Alle Sinne verbanden sich bei ihm zu einem einzigen der alles

---

37 Rilkes Referenz an Jacobsen findet sich gleichfalls in der Schilderung des Sterbens des Kammerherrn Brigge: „Er starb seinen schweren Tod." (MB 720)
38 Zum Gottesbegriff Rilkes und seiner ‚atheistischen Religiosität' vgl. Alberto Destro: Der Gott des jungen Rilke. In: *Rilke-Perspektiven*. Hg. v. Hans-Albrecht Koch, Alberto Destro. Overath 2004, S. 173-189.

durchdrang, vor dem sich alles aufthat. Und so ist es zu verstehen, wenn es einmal in *Mogens* heißt: „Es war gleichsam das Auge, welches dachte."[39]

Jacobsens Wahrnehmung der Dinge bleibt jedoch im trostreichen imaginären Stadium gleich der romantischen Vision der *Blauen Blume*. Wir folgen dem Protagonisten Lyhne zwar kontinuierlich durch ein unkonventionelles Leben; seine seelischen Erschütterungen werden verursacht durch die ihm zur Seite gestellten Figuren und sind auf diese reduziert. Lyhne ist ein Träumer und seine Träume stehen in einem Gegensatzverhältnis zu Leben und Wirklichkeit. Die in Träumen enthaltene Sehnsucht nach dem Leben führt zu einer Entfremdung von der Realität.[40]

Bei Rilke erfährt die Wahrnehmung der Wirklichkeit eine Steigerung. Jacobsens Text ist impressionistisch modelliert, weniger symbolbeladen und weniger mystisch; wogegen diese Akzente bei Rilke schärfer hervortreten, wie im einzelnen noch genauer zu untersuchen sein wird.

Rilkes Roman liest sich zudem fast wie eine Fragmentsammlung, die psychischen Abgründe des Protagonisten verschmelzen mit Kindheitserinnerungen, überspitzten und phantastischen Beobachtungen der Mitmenschen und der Großstadt, dem Auftreten historischer Figuren und dem unmittelbar Gegenwärtigen. Für den Rezipienten entstehen durch die Fülle an fragmentierten, montierten Geschichten Leerräume; Ort- und Zeitbestimmtheit werden vom Inneren des Brigge strukturiert. Der Autor verweist damit auf das Fehlen einer Ganzheit, die für den modernen Menschen nicht mehr zu finden ist. Rilkes Roman ist ein früher und beispielhafter Versuch, existentielle Erfahrungen zu schildern und Fragestellungen anzudenken, die später bei den Autoren der Existenzphilosophie wiederkehren werden.[41]

Der Grundstein für diesen „Gedanken der Produktivität des Geistes auch auf die sinnliche Wahrnehmung"[42], war in der Philosophie und Ästhetik der deutschen Romantik gelegt worden, und auch auf diese Affinitäten von Rilkes Werk wird im folgenden noch genauer einzugehen sein. - Wie die beiden Autoren diese Elemente der problematisierten Wahrnehmung literarisch umsetzen, wird in der Folge aufgezeigt. Besonders die Mutterfiguren sind es dabei, die zu allererst in der Konstitution eines je eigenen unabhängigen Selbstbildes versagen.

---

39 Theodor Wolff: Einleitung zur ersten deutschen Ausgabe (Auszug). In: *Niels Lyhne*. Stuttgart 1984, S. 245-255, hier: S. 251.
40 Vgl. Bengt Algot Sørensen: *J.P. Jacobsen*. München 1990, S. 75.
41 Vgl. Holthusen 2004[35], S. 100.
42 Silvio Vietta: *Ästhetik der Moderne. Literatur und Bild*. München 2001, S. 122.

> Als Kind, als alle immer schlecht zu mir waren, als ich mich so unendlich verlassen fühlte, so ganz ins Fremde verirrt, da mag es eine Zeit gegeben haben, wo ich mich fortsehnte. Aber dann, als die Menschen mir fremd blieben, zog es mich zu den Dingen und von ihnen athmete mich eine Freude an, eine Freude zu sein.[43]

1.2 Kindheit und mütterliche Deutungsweisen

Die Protagonisten Lyhne und Brigge werden von früh an von ihren Müttern determiniert. Beide Mutterfiguren sind sensible Frauen, die sich aus persönlich erlittener Enttäuschung radikal aus der Gesellschaft in ihre eigene Welt zurückziehen. Ihre Selbstverwirklichung besteht in der Schaffung eines zerbrechlichen, traumhaften Ich. Für sie verwandelt sich alle Realität in gleichsam Fichtescher Weise in:

> einen wunderbaren Traum, ohne ein Leben, von welchem geträumt wird, und ohne einen Geist, dem da träumt; in einem Traum, der in einem Traume von sich selbst zusammenhängt. Das *Anschauen* ist der Traum; das *Denken*, - die Quelle alles Seins, und aller Realität, die ich mir einbilde, *meines* Seins, meiner Kraft, meiner Zwecke, - ist der Traum von jenem Traume.[44]

Ihre jungen Söhne sind diesen selbstgesetzten Traum- und Wunschwelten widerstandslos ausgesetzt; die Lebensziele sind für sie „nicht mehr objektiv von einer verbindlichen Ordnung vorgegeben, sondern subjektiv aus einer durch die romantische Mutter fehlgeleiteten Phantasie erträumt."[45] Eine wechselseitige achtungsvolle Beziehung zu den Ehepartnern können sie nicht aufbauen – und so richtet sich die Selbstreferenz ihrer Gefühle auf die Söhne.[46] Das in der Romantik entwickelte Bild des Kindes als ein naturnäheres, unbegrenzteres, unmittelbarer und unbewusster mit dem Ganzen der Schöpfung verbundenes Wesen[47] erhält durch die fehlgesteuerten und fehlsteuernden Lebensentwürfe der Mütter Brüche.

---

43 Rilke: *Briefwechsel Ellen Key*, S. 26.
44 Johann Gottlieb Fichte: *Die Bestimmung des Menschen*. (1800) Hg. v. Theodor Ballauf u. Ignaz Klein. Stuttgart 1981, S. 101.
45 Vgl. Butt 1982, S. 157.
46 Zum Begriff der ‚romantischen Liebe' vgl. Niklas Luhmann: *Liebe als Passion*. Frankfurt am Main 1994, S. 163-182.
47 Vgl. Manfred Engel: Nachwort. In: *Die Aufzeichnungen des Malte Laurids Brigge*. Stuttgart 1997, S. 319-350, hier: S. 342.

1.2.1 Prägung und begrenzte Identität

In den anfänglich geglückten Phasen des Zusammenseins mit der Mutter, der einzigen Vertrauten der Kindheit, entfaltet sich die sorglose Weltvergessenheit jedoch bald zu destruktiven Ansprüchen:

> Wenn Maman mal eine halbe Stunde kam und Märchen vorlas [...], so war das nicht um der Märchen willen. [...] Nur wenn wir ganz sicher waren, nicht gestört zu sein, [...] konnte es geschehen, daß wir uns Erinnerungen hingaben [...]. Es fiel uns ein, daß es eine Zeit gab, wo Maman wünschte, daß ich ein kleines Mädchen wäre und nicht dieser Junge, der ich nun einmal war. Ich hatte das irgendwie erraten. (MB 799f.)

Brigge bekommt ein Hauskleidchen angezogen und wird jetzt mit hoher verstellter Stimme für seine Mutter zur Tochter Sophie.[48] Im Rückblick auf diese Entgegensetzung von Selbst- und Fremdbestimmung wundert er sich,

> daß ich aus der Welt dieser Fieber doch immer wieder ganz zurückkam und mich hineinfand in das überaus gemeinsame Leben, wo jeder im Gefühl unterstützt sein wollte, bei Bekanntem zu sein, und wo man sich so vorsichtig im Verständlichen vertrug. (MB 801)

Und so wie Brigge seiner Mutter das erwünschte Töchterchen ersetzen muß, ahnt auch Lyhne, die Rolle seines toten Bruders übernehmen zu müssen:

> Alles, was dieser hätte werden und vollbringen können, war es, was dem Bruder jetzt in verwirrender Abwechslung [...] vorgeführt wurde, eine Welt wohlfeiler Phantastereien, die nicht mehr Körper von dem, was Wirklichkeit war, in sich trugen, als jenes arme, kleine Kinderskelett, das da oben auf dem Friedhof von Lönborg in Staub und Asche zerfiel. (NL 14)

In diesem unverständlichen Vakuum zwischen Sein und Sein-Sollen geschieht dem Jungen Lyhne,

> daß er müde wurde, daß seine Phantasie gar keine Farben mehr hatte. Er fühlte sich dann ganz unglücklich, fühlte sich zu klein und nichtig für jene ehrgeizigen Träume, ja, es erschien ihm, als sei er ein unwürdiger Lügner. (NL 15)

---

48 „Als Ersatz für die verstorbene Tochter, vielleicht auch aus unterschwelliger Aggression gegen den ungeliebten Gatten [sic!] erzog Phia ihren Sohn [...] zunächst als Mädchen. [...] So wurde seine ohnehin schon problematische Rolle als Einzelkind in einer unglücklichen Ehe zusätzlich erschwert durch die Weigerung der Mutter seine Geschlechtszugehörigkeit zu akzeptieren." Wolfgang Leppmann: *Rilke*. Wiesbaden 1996, S. 15.

Beiden Figuren werden durch die Mütter keine Erfahrung von Autonomie, keine Selbstverantwortung vermittelt. Früh werden sie mit einem Empfindungserleben konfrontiert, durch das der kindliche Freiraum, in dem eine phantasiereiche Selbstvergewisserung stattfinden sollte, durch die Mütter zerstört wird. Gleichzeitig gewähren die Autoren in den Selbstreflexionen der Protagonisten einen sich dennoch entwickelnden autonomen Blick auf das jeweilige Ich.

1.2.2 Überspanntheiten – Ausgeweitete Sublimierung

Mit der Flucht in romantische Traumwelten wird für die Mütter die Weltwahrnehmung zunehmend problematischer, die Erfassung der Realität wird überlagert von Irrealität. So muss Lyhne erleben, dass seine Mutter in einen

> kindischen Zynismus [verfällt], sich die Welt übertrieben prosaisch zu gestalten, [sie] nannte den Mond einen grünen Käse und die Rosen Potpourri – dies alles in dem Gefühl, daß sie sich räche, aber zugleich auch mit dem halb ängstlichen, halb simulierenden Bewußtsein, daß es Blasphemie sei. (NL 12)

Rilke geht noch einen Schritt weiter: in der perspektivisch-facettenreichen Wahrnehmung seiner Mutter wird der Bruch mit der Realität noch gespenstischer gestaltet. Die Mutter ist nicht die jede Kindheit kennzeichnende angstaufhebende Person, sie vermittelt Brigge im Gegenteil die diffuse, amorphe Angst.[49] Dinge des alltäglichen Lebens werden zu phantasmatischen Objekten, denen ein Eigenleben innewohnt:

> Ihre Angst vor Nadeln beherrschte sie damals schon völlig. Zu den anderen sagte sie nur, um sich zu entschuldigen: „Ich vertrage rein nichts mehr, aber es muß euch nicht stören, ich befinde mich ausgezeichnet dabei." Zu mir aber konnte sie sich plötzlich hinwenden (denn ich war schon ein bißchen erwachsen) und mit einem Lächeln, das sie sehr anstrengte, sagen: „Was es doch für viele Nadeln giebt, Malte, und wo sie überall herumliegen, und wenn man bedenkt, wie leicht sie herausfallen..." Sie hielt darauf, es recht scherzend zu sagen; aber das Entsetzen schüttelte sie bei dem Gedanken an alle die schlecht befestigten Nadeln, die jeden Augenblick irgendwo hineinfallen konnten. (MB 787)

Vertrautes und Wiedererkennbares wird irrational visualisiert. Durch die Mutter erfährt Brigge bereits eine Sichtweise, welche die Welt als eine durch potentielle Bedrohlichkeit eigensinnig gewordene Dinglichkeit vermittelt; sie führt den Jungen in die ihn sein weiteres Leben begleitenden inneren Räume der exzentrischen Gegenwartserkennung und Zukunftsahnung ein. Dinge werden zu Medien der Selbstdarstellung. Wie Hartmut Böhme erkannt hat, werden sie genutzt als

---

49 Vgl. Bernhard Arnold Kruse: *Auf dem extremen Pol der Subjektivität. Zu Rilkes ‚Die Aufzeichnungen des Malte Laurids Brigge'.* Wiesbaden 1994, S. 143.

performative Objekte zur Ich-Erweiterung, semantische Accessoires jener Bedeutungsaura, die Subjekte vor sich und anderen aufbauen, um sich in den Dingen zu spiegeln und identifizierbar zu machen. [...] Dinge sind mithin erweiternde Gesten des Ich, sie gehören zu seiner physischen Ausstattung, seinem semantischen Haushalt.[50]

Die Kinder sind einem für sie psychisch Unfassbaren, aber damit zugleich auch faszinierenden Eindrücken ausgesetzt. Beide Autoren setzen Kierkegaards philosophische Überlegungen zur Definition der Angst literarisch um, wie sie sich bereits in der Kindheit manifestiert:

> Die Angst, die mit der Unschuld gesetzt ist, ist also erstens keine Schuld, zweitens ist sie keine erschwerende Last, kein Leiden, das mit der Seligkeit der Unschuld nicht vereinbar wäre. Wenn man Kinder beobachtet, wird man diese Angst bestimmter angedeutet finden als ein Suchen nach dem Abenteuerlichen, dem Ungeheuren, dem Rätselhaften. [...] Diese Angst gehört dem Kinde so wesentlich zu, daß es sie nicht entbehren will; wenn sie es auch ängstigt, fasziniert sie es doch mit ihrer süßen Beängstigung. Bei allen Nationen, bei denen das Kindliche bewahrt ist als Träumen des Geistes, gibt es diese Angst.[51]

Die affektive Bindung an die Mütter erschüttert ihre zukünftige soziale und kulturelle Integrität. Die Lebensentwürfe der Mutterfiguren bieten keine Identifikationsorte an. Die Präsenz einer gespaltenen Außen- und Innenwelt wird bei beiden Autoren zu einem Motivgeflecht von Gegenwart und Vergangenheit, das immer auch auf die Zukunft verweist. In diesem Erinnern weiss sich das je eigene Ich identisch mit dem, das sich gerade erinnert. In diesem *Sich*-Erinnern ist das Ich jedoch in aller Wahrnehmung enthalten, ein ich-loser Abstand zum Erinnerten nicht mehr herstellbar:

> Der erinnernde Rückgang in die frühe Kindheit oder Wildheit kann nie in diese Dimension luzider Unberührtheit führen, weil er stets an dem Identitätsfaden entlanggehen muß, der wesentlich durch die Zer-Störung dessen entstanden ist, wohin der kommen wollte, der diesen vergeblichen Versuch unternimmt.[52]

Diese Aussichtslosigkeit erfahren beide Protagonisten auch im Erinnern der Vaterbeziehungen, die von Distanzierung geprägt sind. Hier verlassen sie endgültig das versöhnende Familienzentrum der Romantiker. In den Rückspiegelungen kehrt nichts von dem zurück, was einmal Halt bieten sollte.

---

50 Hartmut Böhme: *Fetischismus und Kultur. Eine andere Theorie der Moderne.* Reinbek bei Hamburg 2006, S. 109.
51 Søren Kierkegaard: *Der Begriff Angst (Begrebet Angest. 1844).* Übers. v. Gisela Perlet. Reinbek bei Hamburg 1960, S. 41.
52 Manfred Sommer: *Evidenz im Augenblick. Eine Phänomenologie der reinen Empfindung.* Frankfurt 1996, S. 246.

> Ich weiß nichts, nichts davon. Nichts, so fühle ich, von allem, was ich wissen möchte. – Es gibt so viele Dinge, von denen ein alter Mann einem erzählen müßte, solange man klein ist.[53]

1.3 Tod und väterliche Abwesenheit

Ähnlich wie bei den Müttern erleben Brigge und Lyhne Parallelen in der Erfahrung mit den Vätern. Es sind abwesende Väter, die der Dominanz der Mütter nichts mehr entgegensetzen können. Beide Protagonisten erfahren von gefährlichen Erkrankungen der Väter. Bei Niels Lyhne heisst es lapidar: „Als er ankam, war sein Vater tot." (NL 88) Rilke lässt Brigge feststellen: „Ich war damals schon im Ausland und kam zu spät." (MB 851) Sie haben die Väter beim Prozess des Sterbens nicht begleiten können, der Tod muss als Tatsache hingenommen werden. Die Autoren entwickeln jedoch unterschiedliche Strategien der Bewältigung.

1.3.1 Erschütterung – Niels Lyhne

Bei Lyhne erwachen durch den Tod des Vaters Schuldgefühle, er erinnert sich an

> die harten Worte, die sorgfältig vergifteten Antworten, [...] auch die scharfen Gedanken, [...] stummes Achselzucken und ungesehenes Lächeln voll Hohn und Ungeduld – alles kommt zurück wie vergiftete Pfeile, die ihre Spitzen tief in deine eigene Brust senken, ihre stumpfen Spitzen, denn der Stachel brach ja ab in jenem Herzen, das nicht mehr schlägt. Es schlägt nicht mehr; du kannst nichts mehr gutmachen, nichts! (NL 89)

Lyhne ist einem konventionell-emotionalen Grundkonflikt der klassischen Vater-Sohn-Beziehung ausgeliefert. Seine Auseinandersetzung mit dieser Situation beschränkt sich auf die Ansprüche, die die Gesellschaft und die Familie an ihn stellen; sie findet in seinem Inneren statt und führt zur Resignation. Träume und endlose Reflexionen stellen sich zwischen ihn und das Leben. Die erhoffte und erwartete Lebensintensität stellt sich nicht ein.[54] – Die Figur des Lyhne befindet sich in einem Zwiespalt zwischen der Beeinflussung durch die ihn umgebenden Menschen und dem Anspruch nach Selbstfindung und -bestätigung. Das Verharren in Reflexionen und Träumen verhindert das aktive Handeln des Protagonisten.

---

53 Rilke: *Briefe 1902-1906*, S. 157.
54 Vgl. Sørensen 1990, S. 101.

1.3.2 Distanzierung – Malte Laurids Brigge

Rilke greift die Herzmetapher Jacobsens auf und radikalisiert sie. Er schreibt diese Episode weiter und gibt eine neue psychologisch ambivalente Sicht auf den Tod seines Vaters. Brigge trifft auf zwei Ärzte, die auf Anweisung seines Vaters einen Herzstich an der Leiche vornehmen wollen:

> Wer hätte zum Beispiel an diesen Widerstand gedacht. Kaum war die breite, hohe Brust bloßgelegt, so hatte der eilige kleine Mann schon die Stelle heraus, um die es sich handelte. Aber das rasch angesetzte Instrument drang nicht ein. Ich hatte das Gefühl, als wäre plötzlich alle Zeit fort aus dem Zimmer. Wir befanden uns wie in einem Bilde. Aber dann stürzte die Zeit nach mit einem kleinen, gleitenden Geräusch und es war mehr das, als verbraucht wurde. Auf einmal klopfte es irgendwo. Ich hatte noch nie so klopfen hören: ein warmes, verschlossenes, doppeltes Klopfen. Mein Gehör gab es weiter und ich sah zugleich, daß der Arzt auf Grund gestoßen war. Aber es dauerte eine Weile, bevor die beiden Eindrücke in mir zusammenkamen. So, so, dachte ich, nun ist es also durch. Das Klopfen war, was das Tempo betrifft, beinah schadenfroh. (MB 854)

Auch über den Tod ist keine versöhnliche Nähe herzustellen; Brigges Verhalten deutet vielmehr auf eine sich verstärkende existentielle Wahrnehmungskrise hin. Über Trauer und Erschütterung an die Welt anzuknüpfen, ist ihm verwehrt. Fast protokollarisch nüchtern wird die Zeremonie geschildert.[55] Die Abspaltung erfolgt dann über das verdinglichte Klopfen, das sogar ‚schadenfroh' sein kann. Die Projektion geschieht durch Brigge, gleichzeitig erhalten Dinge ihre eigene undurchschaubare Eigenschaft.

Während in *Niels Lyhne* eine individuelle Behauptung und Ich-Findung, die in dem Erkennen einer endlosen Leere des Lebens endet, entwickelt wird, weitet Rilke diese zu einem Akt der Selbstreflexion aus, in der das Ich des Protagonisten zunehmend einer Entzweiung ausgesetzt ist. Bei ihm wird die Erfahrung des Todes des Vaters zu einem subjektphilosophischen Problem zwischen inneren Eindrücken und äußeren Erscheinungen und Dingen.

Mit diesen dinglichen Motiven und ihrem sprachlichen Vollzug ist das Subjekt Kräften ausgesetzt, die jenseits des Ich des Protagonisten liegen und ihn wieder auf sich selbst zurückfallen lassen.[56]

---

55 Zur literarischen Auseinandersetzung mit dem Phänomen ‚Tod' vgl. Thomas Anz: Der schöne und der häßliche Tod. In: *Klassik und Moderne*. Hg. v. Karl Richter u. Jörg Schönert. Stuttgart 1983, S. 409-432, hier: 423.
56 Vgl. Ulrich Füllehorn: Rilke 1906-1910. Ein Durchbruch zur Moderne. In: *Rilke heute*. Red. Vera Hauschild. Frankfurt 1997, S. 160-180, hier: S. 177.

1.3.3 Determination – Auswege

Aus den Erfahrungen mit den Eltern werden sowohl Lyhne als auch Brigge Kindheitsmuster weiterentwickeln, die eine Gegenwelt zur irritierenden Leere und Einsamkeit darstellen. Sie schaffen sich eigene imaginäre Kindheitswelten als Räume der Entfaltung, aber auch als Räume, die Erschütterungen enthalten. Lyhne beschließt,

> das Leben der Kindheit in seiner ganzen Fülle zu genießen, es durch alle Sinne einzusaugen, nicht einen Tropfen, auch nicht einen einzigen zu verlieren, und daher lag in seinen Spielen eine Innerlichkeit, die sich zur Leidenschaft steigerte, weil er unter dem Druck der unruhigen Empfindung stand, daß die Zeit an ihm vorüberrauschte, ohne daß er aus ihren reichen Wellen alles hätte bergen können, was sie Woge für Woge brachte; und daher konnte er sich zu Boden werfen und voll Verzweiflung schluchzen. (NL 15)

Brigge erkennt in dem Bemühen, jenen inneren Raum individueller Erfahrung zu betreten, eine ähnliche Ambivalenz:

> Was er aber damals meinte, das war die innige Indifferenz seines Herzens, die ihn manchmal früh in den Feldern mit solcher Reinheit ergriff, daß er zu laufen begann, um nicht Zeit und Atem zu haben, mehr zu sein als ein leichter Moment, in dem der Morgen zum Bewußtsein kommt. Das Geheimnis seines noch nie gewesenen Lebens breitete sich aus [...], dies alles wurde kein Schicksal, und die Himmel gingen wie über Natur. (MB 938f.)

Sowohl Lyhne als auch Brigge begeben sich in neue Denk- und Erfahrungsregionen und müssen erfahren, dass – wie Michel Foucault aufzeigt –

> der Raum unserer ersten Wahrnehmung, der Raum unserer Träume, der Raum unserer Leidenschaften [...] in sich gleichsam innere Qualitäten [enthält]; es ist ein leichter, ätherischer, durchsichtiger Raum, oder es ist ein dunkler, steiniger, versperrter Raum; [...] es ist ein Raum, der fließt wie das Wasser; es ist ein Raum, der fest und gefroren ist wie der Stein oder der Kristall.[57]

Die Leerstelle, der die Protagonisten durch Eltern und Familie ausgesetzt sind, wird befüllt mit phantastischen Inszenierungen. Für den Rezipienten wird durch diese kindlichen Phantasien deutlich, dass das Spiel, im Sinne Wolfgang Isers, eine

> Verquickung des Subjekts mit den von ihm wahrgenommenen Objekten, wie etwas dem Schönen und dem Erhabenen [ist]. Keine dieser Komponenten ist in sich

---

57 Michel Foucault: Andere Räume. In: *Der Foucault-Reader. Diskurs und Medien*. Hg. v. Jan Engelmann. Übers. v. Walter Seitter (entnommen aus: Zeitmitschrift. Heft 1. (1990)). Stuttgart 1999, S. 145-160, hier: S. 148.

ästhetisch, vielmehr ergibt sich die Qualität des Ästhetischen aus der Wechselwirkung von subjektiver Objektwahrnehmung und der dadurch angestoßenen Einbildungskraft.[58]

Die aufgezeigte familiäre Konstellation ermöglicht die Schaffung eines Simulationsraumes für die weitere Setzung einer Ich-Konstitution; dieser Raum steht jedoch nicht isoliert für sich, er bedeutet auch die Auseinandersetzung mit der Komplexität, der Vielschichtigkeit und der Unberechenbarkeit der ihn umgebenden gleichzeitigen räumlichen und zeitlichen Kontinuitäten.

---

58 Wolfgang Iser: Von der Gegenwärtigkeit des Ästhetischen. In: *Dimensionen ästhetischer Erfahrung*. Hg. v. Joachim Küpper u. Christoph Menke. Frankfurt 2003, S. 176-202, hier: S. 180.

> Ich habe um meine Kindheit gebeten, und sie
> ist wiedergekommen, und ich fühle, daß sie
> immer noch so schwer ist wie damals und daß
> es nichts genützt hat, älter zu werden. (MB, S.
> 767)

1.4 Verrätselung – Verdinglichung

In seiner Abhandlung *Versuch einer Typologie der Romanform* gibt Georg Lukács ein vernichtendes Urteil über *Niels Lyhne* ab:

> Denn dieses Leben, das zur Dichtung werden sollte und zum schlechten Fragment wurde, wird in der Gestaltung wirklich zu einem Scherbenberg; die Grausamkeit der Desillusionierung kann nur den Lyrismus der Stimmungen entwerten, den Menschen und Geschehnissen kann sie doch keine Substanz und Schwere des Daseins verleihen. Es bleibt eine schöne aber schattenhafte Mischung von Schwelgen und Bitterkeit, von Trauer und Hohn, aber keine Einheit, Bilder und Aspekte, aber keine Lebenstotalität.[59]

Dem ist entgegenzusetzen, dass *Bilder und Aspekte* – auch wenn sie fragmentarisch erscheinen – in einer genauen Anschauung sehr wohl eine *Lebenstotalität* vermitteln können, indes eine andere als die von Lukács gemeinte; die vom Autor vorgenommene „Selektion ist ein Akt des Fingierens, durch den Systeme als Bezugsfelder gerade dadurch voneinander abgrenzbar werden, dass ihre Begrenzung überschritten wird."[60] In dem Überschreiten von Grenzen kann ebenso auf ein Werkkonzept verwiesen sein, das bei seinem Entstehen noch nicht erreichbar oder grundsätzlich unvollendbar war.[61]

Im Roman Jacobsens wird eindrucksvoll und eindringlich die Ambivalenz des Übergangs vom Kind-Status zu einem nach Selbstbestimmung ringenden Subjekt thematisiert – und gerade diese ungeschützte Innenansicht einer erschöpften Figur mag den Reiz für Rilke ausgemacht haben, diese Thematik aufzugreifen. In dem komplexen Verhältnis von Wahrnehmung und Denken im Kontrast zu objektiver Wirklichkeit werden Bilder von großer Suggestionskraft erschaffen. In dem Protagonisten Lyhne ist die Vorstellung einer Aneignung der Welt perspektivisch in vielschichtigen Gefühlswelten literarisch umgesetzt. Stehen diese bei Jacobsen noch als impressionistische Repräsentationen im Vordergrund, entwickelt Rilke aus diesen Systemen Bezüge und legt tiefere Schichten frei.

---

59 Georg Lukács: *Die Theorie des Romans (1916)*. München 2002², S. 106.
60 Wolfgang Iser: *Das Fiktive und das Imaginäre*. Frankfurt 1993, S. 25.
61 Vgl. Füllehorn 1997, S. 163.

1.4.1 Räume – Verortungen

Jacobsen überhöht mit seinem Text gängige Realitätsvorstellungen und schafft ein ästhetisches Erleben, das sich auf Augenblicke der Intensität bezieht, die nicht Teil der jeweiligen Alltagswelt sind. Dieser Abstand zwischen ästhetischem Erleben und Alltagswelt führt zu einer dritten Schicht, dem *Situationsrahmen* als einem möglichen Bezugspunkt, um die doppelte Isolation zu erklären, die dem Moment ästhetischer Intensität eignet.[62] Diese doppelte Isolation müssen sowohl Lyhne als auch Brigge erleben. Als versöhnliche Bezugspunkte sollen die Stätten der Kindheit fungieren.

Eindringlich wird bei Jacobsen jenseits der beruhigenden Naturerfahrungen der eigentliche innere Raum individueller Erfahrung und ein spezifisches Wirklichkeitsverständnis entwickelt, nämlich eine

> spezifisch moderne *Ambivalenz* der Subjekterfahrung: einerseits die emphatische Begrüßung der neu gewonnenen Freiheit im Selbstentwurf des Ich – die ihr ästhetisches Pendant in der Verabsolutierung der Einbildungskraft [...] findet –, andererseits aber die erschreckende Einsicht in die prinzipielle Destruierbarkeit solcher Entwürfe.[63]

Bei Jacobsen findet sich diese Ambivalenz in der Umsetzung in vielfältigen *Träumen*. Der Traum gilt als Ort der Verwandlung und ist hierbei nicht in der üblichen Bedeutung des Wortes zu verstehen, sondern skizziert

> den Zustand, in dem sich der Mensch bei wachem Bewußtsein fiktiven, oft sehnsuchtsvollen Vorstellungen der Phantasie hingibt, die von der Wirklichkeit abweichen. Es handelt sich mit anderen Worten um Tagträume oder Wachträume, die in semantischer Hinsicht den Begriffen der Einbildung, Phantasie oder auch Phantasterei nicht allzu fern stehen.[64]

Bei Lyhne gestaltet sich die Aneignung einer individuellen Welt über die Schaffung von traumhaft-magischen Räumen, deren Phantastik und Ungeheuerlichkeit aber noch im gesicherten Gelände der Kindheit aufgehoben sind. – Brigge hingegen erlebt in den Räumen der Kindheit gefährliche, bedrohliche und geheimnisvolle Dinge; diese Szenarien greifen weit über ein phantastisch-inszeniertes Kinder-Terrain hinaus; diese außer-institutionellen Spielbereiche führen zur Schärfung des sinnlichen Beurteilungsvermögens, zu einer *Scharf-*

---

62 Vgl. Hans Ulrich Gumbrecht: Epiphanien. In: *Dimensionen ästhetischer Erfahrung*. Hg. v. Joachim Küpper u. Christoph Menke. Frankfurt 2003, S. 193-222, hier: S. 207.
63 Silvio Vietta u. Dirk Kemper: *Ästhetische Moderne in Europa. Grundzüge und Problemzusammenhänge seit der Romantik*. München 1998, S. 39.
64 Sørensen 1990, S. 74.

Sinnigkeit.[65] Auch die schaurigen Familiengeschichten – konserviert in einer Gemäldegalerie[66] – sowie Brigges Erleben der außergewöhnlich inszenierten Tode der älteren Generation bis zu dem Erscheinen von toten Verwandten tragen zu einem mystischen Schauplatz bei.

Das Gut *Lönsborggaard* wird zunächst als licht und hell beschrieben, ein idealer skandinavischer Sommer begleitet Lyhnes Kindheit. Die Zimmer des Gutes sind

> voller Sonnenschein, ein großer blühender Oleander erfüllte die Luft mit seinem süßen Mandelduft. Der einzige vernehmbare Laut war ein gedämpftes Plätschern, das dann und wann vom Blumentisch herüberklang, wenn die Goldfische sich in ihrer Glasschale bewegten. (NL 28)

In den Sommerferien werden phantasiereiche Geschichten erfunden, in ihnen verdichtet sich alles,

> was auf Niels Eindruck gemacht hatte, was er sah, was er verstand und was er mißverstand, was er bewunderte und das, wovon er wußte, daß man es bewundern müsse – alles kam in die Geschichte hinein. Wie ein fließendes Wasser von dem Bilde gefärbt wird, das seinem Spiegel nahekommt und, wie es sich nun gerade trifft, das Bild in ungestörter Klarheit wiedergibt oder es entstellt und verzerrt, es in wogenden, unsicher zitternden Umrissen wiedergibt oder es ganz in den eigenen Farben und im eigenen Linienspiel untergehen läßt. (NL 18)

Die Metaphern des Spiegels, des Wassers, der Klarheit werden gleichzeitig als unsicher und zitternd wahrgenommen werden. Jacobsen protokolliert mit der Einbildungskraft Lyhnes ein sublimes Selbstbild, das in einem Akt der zunehmenden Selbstentfremdung feststellen muss,

> alle Einflüsse der Kindheit formen an dem weichen Ton, alles formt daran, alles hat Bedeutung, das was er träumt, was er weiß, was er ahnt – alles zieht seine leichten aber sicheren Linien, die nachgegraben und vertieft, dann abgeschwächt und ausgelöscht werden. (NL 57)

Das autonome Ich erfährt Freiheit, aber damit auch die Verlorenheit in einer nicht mehr greifbaren Welt, die Isolation, Einsamkeit und damit einhergehende Angst enthält. *Niels Lyhne* kann somit auch als Manifest der Unsicherheit der

---

65 Vgl. Donata Elschenbroich: *Kinder werden nicht geboren. Studien zur Entstehung der Kindheit.* Bensheim 1980², S. 184.
66 Diese Sammlungen können als „*Festungen* gegen Konflikte in der Familie [gesehen werden], Verträge zwischen den Generationen, Palliative gegen die Vergängnis, magische Substitute des Abwesenden und Fetische gegen den Tod, Präparate gegen eine Angst, die heimlich zu wuchern beginnt." Böhme 1960, S. 358.

Erfahrungen des Ich gelesen werden, das sich gesellschaftlichen Gegebenheiten ausgeliefert sieht.

Rilke setzt dieser Erfahrung scheinbar „statische, bildhaft beruhigte Situationen und Stimmungsbilder [entgegen], in denen sich ein Stück gefühlte Welt ohne Seufzer und Aufschrei, wie eine Sache präsentiert."[67] Er verlegt die Erinnerungen an Urnekloster in das Innere des Landsitzes. Die geschilderten Zimmer schließen den Sommer aus; die Prachträume sind befüllt mit Kunstwerken wie Gemälden, geheimnisvollen Schreibtischen, kostbaren Teppichen; all diese Dinge sind mit einer eigenen Geschichte versehen. In den Ferien auf Ulsgaard liest Brigge in einem kleinen grünen Buch:

> Das Grün des Einbandes bedeutete etwas, und man sah sofort ein, daß es innen so sein mußte, wie es war. Als ob das verabredet worden wäre, kam zuerst dieses glatte, weiß in weiß gewässerte Vorsatzblatt und dann die Titelseite, die man für geheimnisvoll hielt. Es hätten wohl Bilder drin sein können, so sah es aus; aber es waren keine, und man mußte, fast wider Willen, zugeben, daß auch das in der Ordnung sei. Es entschädigte einen irgendwie, an einer bestimmten Stelle das schmale Leseband zu finden, das mürbe und ein wenig schräg, rührend in seinem Vertrauen noch rosa zu sein, seit Gott weiß wann immer zwischen den gleichen Seiten lag. [...] Jedenfalls hatte ich eine Scheu vor den beiden Seiten, wie vor einem Spiegel, vor dem jemand steht. (MB 881)

Die romantisch-inspirierte Metaphorik in Lyhnes erfundenen Geschichten erfährt bei Brigge die Verdinglichung bzw. das Eigenleben der Dinge. Das kunstvolle Wechselspiel, Jacobsens Text einer Transformation zu unterziehen, zeigt sich an der Episode von Lyhnes Erschütterung, seine Tante Edele in der „phantastischen Tracht eines Zigeunermädchens" vorzufinden. Rilke verlegt die Verkleidungsszene in das Innere Brigges, der sich vor einem Spiegel betrachtet:

> Ach, wie man zitterte, drin zu sein, und wie hinreißend war es, wenn man es war. Wenn da etwas aus dem Trüben heraus sich näherte, langsamer als man selbst, denn der Spiegel glaubte es gleichsam nicht und wollte, schläfrig wie er war, nicht gleich nachsprechen, was man ihm vorsagte. Aber schließlich mußte er natürlich. (MB 803)

Das Subjekt findet sein Selbstbewusstsein im Spiegel. In dieser Selbsterkenntnis und in der Reflexion bildet sich ein eigenes souveränes Ich, in der wahrgenommenen Autonomie wird die Fremdbestimmung ausgegrenzt. Die eigene Identität findet einen Rahmen.[68] In sein Spiel vertieft, passiert Brigge jedoch ein Missgeschick, ein umgeworfener Tisch und der damit verbundene Lärm verwirren ihn. Sein Kostüm ist derangiert und

---

67 Holthusen 2004[35], S. 86.
68 Vgl.: Farideh Akashe-Böhme: Fremdheit vor dem Spiegel. In: F.A.-B.: *Reflexionen vor dem Spiegel*. Frankfurt am Main 1992, S. 38-49, hier: S. 38.

> [h]eiß und zornig stürzte ich vor den Spiegel und sah mühsam durch die Maske durch, wie meine Hände arbeiteten. Aber darauf hatte er nur gewartet. Der Augenblick der Vergeltung war für ihn gekommen. [Der Spiegel] nötigte [...] mich, ich weiß nicht womit, aufzusehen und diktierte mir ein Bild, nein eine Wirklichkeit, eine fremde, unbegreifliche monströse Wirklichkeit, mit der ich durchtränkt wurde gegen meinen Willen: denn jetzt war er der Stärkere, und ich war der Spiegel. Ich starrte diesen großen, schrecklichen Unbekannten vor mir an, und es schien mir ungeheuerlich, mit ihm allein zu sein. [...] Eine Sekunde lang hatte ich eine unbeschreibliche, wehe und vergebliche Sehnsucht nach mir, dann war nur noch er: es war nichts außer ihm. (MB 807f.)

Die geglückte Phase der Illusion entfaltet ihre destruktive Wirkung, die sorglose Weltvergessenheit gerät durch das vermeintliche Eigenleben des Spiegelbildes ins Wanken. Der im Spiel gewonnene Freiraum, in dem eine phantasiereiche Selbstvergewisserung stattfinden sollte, wird durch das Missverhältnis zwischen Innen und Außen zerstört:

> Der Spiegel funktioniert als Heteropie, weil er den Ort, an dem ich bin, während ich mich im Spiegel betrachte, absolut real in Verbindung mit dem gesamten umgebenden Raum und zugleich irreal wiedergibt, weil dieser Ort nur über den virtuellen Punkt jenseits des Spiegels wahrgenommen werden kann.[69]

Mit dieser Episode erfährt Brigge das philosophische Problem der unendlich werdenden Reflexion: Dasjenige, das sich selber weiß, weiß, dass es sich selber weiß. Die Reflexion des Ich bestätigt dieses zwar, doch ist ein Drittes vonnöten, das diese Reflexion als eine solche *sieht*: Dies ist nach Kierkegaard der Geist, der sich als Angst zu sich selbst verhält.[70] Brigge erfährt eine tiefe Verzweiflung; von den Erwachsenen unverstanden, auf sich selbst zurückgeworfen, impliziert dies die Erkenntnis:

> In der Verzweiflung wähle ich also mich selbst. Wohl verzweifle ich, wenn ich verzweifle, wie über alles andere, auch über mich selbst; aber das Selbst, worüber ich verzweifle, ist eine Endlichkeit wie jede andere Endlichkeit des Selbst, das ich wähle, ist das absolute Selbst oder mein Selbst in seiner absoluten Gültigkeit.[71]

In dem stets rätselhaften Zusammenspiel von Personen, Symbolen, Geschichten schwingt immer auch mit, dass sich das Ich des Protagonisten nicht entziehen kann, sondern ein eigenes Ich konstituieren muss.

---

69 Michel Foucault: Von anderen Räumen (Des espaces autres. 1967). Übers. v. Michael Bischoff. In: Ders.: *Schriften in vier Bänden. Bd. IV 1980-1988*. Hg. v. Daniel Defert u.a. Frankfurt am Main 2005, S. 931-942, hier: S. 935f.
70 Vgl. Kierkegaard 1884, S. 42.
71 Søren Kierkegaard: Das ästhetische und das ethische Stadium. In: *Kierkegaard-Brevier*. Hg. v. Peter Schäfer u. Max Bense. Wiesbaden 1951, S. 32.

1.4.2 Dissoziierung und Resignation

Die Erfahrungen der Polarität von Traum und Realität lassen Lyhne schon früh die Furcht vor dem Leben empfinden. Eine bedeutsame Erschütterung im vordergründig geschützten Raum der Kindheit bewirkt der Tod der Schwester des Vaters, Edele. Romantisch verklärt wird das Sterbezimmer als ein Ort der ästhetischen Überhöhung der Natur geschildert:

> Draußen vor dem Fenster erröteten die weißen Blumen wie Rosen im Schein der untergehenden Sonne. Bogen über Bogen baute der Blütenflor sich zu einer Rosenburg, zu einem Chor von Rosen auf [...], während goldene Lichter mit Purpurrand aus allen schwebenden Girlanden in Glorienstrahlen hervorbrachen. Weiß und still lag Edele da drinnen. (NL 43)

Der Tod soll mit dieser atmosphärischen Naturschilderung seinen Schrecken verlieren. Wie Lyhne wird auch Brigge früh mit dem Sterben konfrontiert. Nach dem Tod ihrer Schwester Ingeborg hat Brigges Mutter deren Sekretär in ihr Zimmer stellen lassen:

> An diesem niederen Schreibschrank [...] saß sie wie an einem Instrument. ‚Es ist soviel Sonne drin', [...] und wirklich, das Innere war merkwürdig hell, von altem, gelben Lack, auf dem Blumen gemalt waren, immer eine rote und eine blaue. [...] Diese Farben und das Grün des schmalen waagerechten Rankenwerks waren ebenso verdunkelt in sich, wie der Grund strahlend war, ohne eigentlich klar zu sein. [...] Maman zog die kleinen Laden heraus. [...] ‚Ach, Rosen', sagte sie. (MB 788f.)

Hier ranken sich keine Blumen mehr um ein Sterbezimmer, die Natur wird verdinglicht, die lebendige Aura ist eingefangen in einem Schreibtisch.

Zu seinem Jugendfreund Erik, der frei von Träumerei, Exaltation und Phantasie ist, „der sich scheu und kühl und halbverächtlich nur widerstrebend lieben ließ." (NL 51) entwickelt Lyhne eine romantisch-idealisierte Liebe,

> die niemals spricht, sich niemals in einer Liebkosung, einem Blick, einem Wort Luft zu machen wagt, solch eine sehende Liebe, die tief trauert über einen Mangel oder einen Fehler bei dem, den sie liebt, die Sehnsucht und Bewunderung und Selbstvergessen, Stolz, Demut und ruhig atmendes Glück ist! (NL 51)

In dieser Freundschaft erfährt Lyhne ein erstes Ahnen, sein Leben selbst gestalten zu müssen. Als Erik das Gut verlässt, zerbricht die trotz aller Erschütterungen kleine überschaubare Welt des Gutes Lönborggaard. Die persönliche Existenz Lyhnes erhält in der Perspektive von Innerlichkeit und einer subjektiv-gesteigerten Wahrnehmung der Außenwelt Brüche.

Brigge ist ebenfalls ein Erik, Sohn einer Cousine, zur Seite gestellt. Dieser Erik steht mit der Wiedergängerin Christine Brahe auf vertrautem Fuße. Von quälendem Interesse getrieben, ob Christine Brahes Bildnis in der Galerie zu finden ist, geht Brigge nachts dorthin „mit meinem Licht, das sich zu fürchten schien." (MB 813) Durch die eingeschränkten Lichtverhältnisse wird die Galerie zu einem Angst-Raum. Er trifft auf Erik, der ihm mitteilt: „*Ihr* Bild ist nicht da, wir suchen es immer noch oben." (MB 815) In einer phantastischen Szenerie erklärt Erik, dass er in Verbindung zu Christine Brahe steht und ihr einen Spiegel gebracht hat: „Sie will sich sehen." (MB 816) Erik führt weiterhin altklug aus: „Man ist entweder drin [...], dann ist man nicht hier; oder wenn man hier ist, dann kann man nicht drin sein." (MB 817) Diese paradoxe Ausdrucksweise erklärt, dass die Verstorbenen, die eine im Bild oder Spiegel aufgehobene Existenz haben, nicht mehr als Geist unter den Lebenden erscheinen müssen.[72] Trotz dieses gemeinsamen Erlebens entwickelt sich zwischen Erik und Brigge keine Freundschaft:

> Lieber, lieber Erik; vielleicht bist du doch mein einziger Freund gewesen. Denn ich habe nie einen gehabt. Es ist schade, daß du auf Freundschaft nichts gabst. Ich hätte dir manches erzählen mögen. Vielleicht hätten wir uns vertragen. Man kann nicht wissen. (MB 818)

Dem Rezipienten wird dann fast beiläufig mitgeteilt: Erik „ist gestorben, gleichviel wann." (MB 819). Mit dieser lapidaren Feststellung wird „die andere Wirklichkeit und die Kunst, die die andere Wirklichkeit aufscheinen lässt, noch einmal entschieden unter das Zeichen des Todes gestellt."[73] Auch diese frühe Freundschaftsbeziehung ist gleichzeitig Quelle der Erfahrung von Selbstbehauptung, Anerkennung und Verletzung.

Als Student erlebt Lyhne in Kopenhagen eine existentielle Isolation inmitten der gesetzten Welt:

> Und dann diese alten, bescheidenen Damen, von denen ihm fast alle hundert Schritte eine entgegenkam; alle mit den sonderbarsten Mänteln aus längst entschwundenen Zeiten, und alle mit sanften, menschenscheuen Bewegungen des alten Halses wie bei mißtrauischen, ängstlichen Vögeln – mit etwas Unsicherem und Weltentwöhntem im Gang, als ob sie tagaus tagein vergessen oben in der Entlegenheit des obersten Stocks eines Hinterhauses gesessen hätten und man sich nur an diesem einzigen Abend des ganzen Jahres ihrer erinnerte und mitnahm. Es machte ihn traurig, daran zu denken, und ein krankhaftes Empfinden rührte sich in seinem Herzen, wie er sich träumend in das langsam verrinnende Dasein solch eines einsamen, alten Mädchens hineinträumte; vor seinen Ohren erklang das peinlich taktfeste, langsame Tick-tack, Tick-tack einer Uhr, wie es die Stundenschale des Tages mit inhaltlosen Sekunden volltropfte. (NL 117)

---

72 Vgl. Walter Seifert: *Das epische Werk Rainer Maria Rilkes*. Bonn 1969, S. 257.
73 Kruse 1994, S. 195.

Hier fließt ganz im Fichteschen Sinne die Anschauung mit der *schwebenden Einbildungskraft* des Ich zu wahrgenommener Realität zusammen. In diesem Spannungsfeld der Reflexion wird der Dichter zu einem Sehenden, der mit seiner subjektiven Wahrnehmung die äußeren Bilder für sich vereinnahmen kann. Das Ich ist sich selber zugewandt: „wenn es sich die Welt verständlich machen will, ist es angewiesen auf das in ihm selbst sich vollziehende Geschehen, aus dem allein es sich die Weltwirklichkeit zurechtlegen kann."[74] Mit diesem Anspruch, der schon in die Weltwahrnehmung der Moderne verweist, erleben wir Lyhne in einem emphatischen Ausnahmezustand, er geht

> denselben Weg zurück, den er gekommen war; er hegte die halbbewußte Scheu, daß in anderen Straßen neue Einsamkeit dämmern, andere Vereinsamung auftauchen würde als die, welche ihm hier entgegengetreten war und sich bitter auf seine Lippe gelegt hatte. (NL 117)

Der romantische Grundgedanke von der Einheit aller Dinge erhält in der Projektion von Lyhnes innerem Empfinden Brüche. Die optische Ordnung der Welt ist zerrissen; in den Epiphanien des Augenblicks wird der gewohnte Blick auf die Dinge unterbrochen, vertraute Bedeutungszusammenhänge, Funktionen und Oberflächen sind einer Dissoziierung unterworfen: „Ein kurzes Versehen stört das Gleichgewicht, der Blick irrt ab, verliert Halt, die Dinge reißen an den Nähten, brechen hervor und blicken in entsetzlicher Fremdheit zurück."[75]

Jacobsen hat die Geschichte Lyhnes mit euphorischer Hingabe und Sehnsucht an das Leben erzählt, allerdings schon verknüpft mit der existentiellen subjektiven Wahrnehmung von Angst und Furcht, einer inneren Leere und Einsamkeit. Die Großstadt-Erfahrung mit ihren Erscheinungen eines verrinnenden Daseins in der *Entlegenheit im obersten Stock eines Hinterhauses* und schließlich die selbstgewählte Einsamkeit in Lönborggaard haben Lyhne zu einem *Maler ohne Hände* werden lassen. Dieses *zerstreute Selbstbewußtsein* wird bei Rilke aufgenommen und weitergeschrieben. Jacobsens Titelfigur pendelt in romantischer Verhaftung zwischen Lebens- und Todessehnsucht, seine Gestaltung verweist aber auch schon auf die Moderne in Bezug auf Ästhetik und Bildlichkeit.

1.4.3 Bewusstsein und Depersonalisation

Gerade das Missverhältnis von Selbsterkenntnis und daraus resultierendem tätigen Handeln als Möglichkeit, das Leben bestehen zu können, führt zu weiteren Brüchen und Ambivalenzen. Dieses Dilemma findet sich in dem Begriff des

---

74 Heinrich Barth: *Philosophie der Erscheinung. Eine Problemgeschichte.* Basel 1959, S. 533.
75 Hartmut Böhme: *Natur und Subjekt.* Frankfurt 1988, S. 230.

‚qualitativen Sprunges' wieder. Bei Lyhne jedoch nicht in dem erlösenden ‚Sprung' in den religiösen Glauben im Sinne Kierkegaards:

> Niels Lyhne war müde; dies unaufhörliche Anlaufnehmen zu einem Sprung, der nie gemacht wurde, hatte ihn ermattet; alles wurde hohl und wertlos für ihn, verzerrt und verwirrt, und so kleinlich außerdem; es schien ihm so natürlich, sich Mund und Ohren zu verstopfen und sich dann in Studien zu versenken, die nichts mit der Schwüle der Welt zu tun hatten, sondern wie ein stiller Meeresgrund für sich mit friedlichen Tangwäldern und seltsamen Tieren waren. (NL 147)

Lyhnes Sinnsuche endet im Nihilismus. Die damit verbundene unendliche Möglichkeit der Freiheit zum Handeln bleibt bei Lyhne jedoch in einem Stadium des Wissens, dass etwas getan werden kann, aber nicht getan werden muss, weil dies nicht notwendig, sondern eben nur möglich ist. In diesem Vakuum kann sich die Kierkegaardsche *Angst* plazieren: in der paradoxen Erkenntnis, dass die „Angst die einzige Form ist, in der Freiheit als Freiheit tatsächlich *erfahren* werden kann."[76] Der *stille Meeresgrund* entpuppt sich als ein Abgrund:

> Angst kann man vergleichen mit Schwindligsein. Derjenige, dessen Auge plötzlich in eine gähnende Tiefe hinunterschaut, der wird schwindlig. Aber was ist der Grund dafür? Es ist ebensosehr sein Auge wie der Abgrund; denn was, wenn er nicht hinabgestarrt hätte! So ist Angst der Schwindel der Freiheit, der entsteht, indem der Geist die Synthese setzen will und die Freiheit nun hinabschaut in ihre eigene Möglichkeit und da die Endlichkeit ergreift, um sich daran zu halten. In diesem Schwindel sinkt die Freiheit ohnmächtig um.[77]

Lyhne wird den Lebenskampf um die Aneignung der Welt aufgeben. Im Gegensatz dazu beschließt Brigge am Ende des Romans, seine abgekapselten Emotionen durch den Raum zu spannen und die Zerstreutheit seiner Existenz aufzuheben, er

> ging ganz darin auf, zu bewältigen, was sein Binnenleben ausmachte, er wollte nichts überspringen, denn er zweifelte nicht, daß in alledem seine Liebe war und zunahm. Ja, seine innere Fassung ging so weit, daß er beschloß, das Wichtigste von dem, was er früher nicht hatte leiten können, was einfach nur durchwartet worden war, nachzuholen. (MB 944f.)

Brigge möchte also leisten, was Foucault die „Technologien des Selbst"[78] nennt, um aus dem ästhetischen Erkennen zu einer ethischen Selbsttechnik zu gelangen. Den Diskursen, eine eigene Identität zu schaffen, die jedoch zunächst in

---

76 Konrad Paul Liessmann: *Kierkegaard.* Hamburg 1993, S. 93.
77 Kierkegaard 1844, S. 57.
78 Vgl. Michel Foucault: Technologien des Selbst (Les techniques de soie. 1982). Übers. v. Michael Bischoff. In: Ders.: *Schriften in vier Bänden. Bd. IV 1980-1988.* Hg. v. Daniel Defert u.a. Frankfurt am Main 2005, S. 966-999, hier: S. 968.

einer Selbstentgrenzung münden, soll im theoretischen Teil dieser Arbeit nachgegangen werden.
 Wie gezeigt werden konnte, sind beide Protagonisten einer Identitätssplitterung ausgesetzt. Subjektive Zeugnisse einer je eigenen Identität schildern ein fragmentiertes Lebensgefühl. Obwohl Jacobsen in einem hohen Maß an Stilisierung und ästhetischer Schönheit ein ganzes Leben ausbreitet, verharrt der Protagonist Lyhne in der Bitternis seiner Emotionen. Das Gut verdunkelt sich mit dem Tod seiner Familie:

> Er ging in das dunkle Zimmer neben dem Krankenzimmer und starrte durch die Scheiben, während seine Nägel sich in das Holz des Fensterpfostens gruben. Seine Augen fraßen sich gleichsam durch die Dunkelheit nach Hoffnung; sein Gehirn krümmte sich zum Sprunge nach einem Wunder. (NL 212)

Entfremdung, Tod, die Erfahrung der Endlichkeit und die ernüchternde Erkenntnis, dass sich am Ende jedes Individuum nur auf sich selber stützen kann, lässt ihn selbst im Sterben nicht zu Gott finden. Ein erlösendes Wunder wird ihm nicht gewährt.

Bei Rilke führt dieser Ausgangstext in eine vielstimmige Verbindung von soziokulturellen und philosophischen Einflüssen. Die zunehmende Entfremdung zeigt sich bei seinem Protagonisten in einer Steigerung der Wahrnehmungsmuster. Brigges Kindheitserfahrungen sind eine Vorform für seine Erlebnisse in Paris. Die Welt zerfällt, und dem Protagonisten Brigge können dort „[e]lektrische Bahnen [...] läutend" durch die Stube rasen und „Automobile [...] über ihn hingehen" (MB 710).

Dieser existenzielle Kontrollverlust ist verbunden mit einem Wunsch nach Präsenz, um die räumliche und körperliche Dimension unseres Daseins wiederzuerlangen.[79] – Dieser modernen Ich-Erfahrung in einem Zusammenspiel von Individuum, Identitätsarbeit und Gesellschaft und ihren philosophischen Grundlagen wird im folgenden nachzugehen sein.

---

79 Vgl. Gumbrecht 2003, S. 220.

> Es ist gleich tödlich für den Geist, ein System
> zu haben, und keins zu haben. Er wird sich also wohl entschließen müssen, beides zu verbinden.[80]

2. Ausweitung und Exponiertheit des Selbst: *Und werfe mich ab und bin ganz allein / in dem großen Sturm*[81]

Die literarischen Strömungen der Romantik, des 19. Jahrhunderts und des *Fin de Siècle* und schließlich der frühen Moderne beziehen ihre geistigen Grundlagen aus den rasanten politisch-kulturellen Entwicklungen dieser Zeit, den daraus resultierenden Umbrüchen und besonders den Entwicklungen der Philosophie, die wiederum die gesellschaftliche Situation vor- und nachdenkend reflektiert, ausgesetzt einer erweiterten Wahrnehmung und Erkenntnisfähigkeit. Die Philosophie hat inzwischen bis zu Georg Friedrich Wilhelm Hegel (1770-1831) und weiter „paradigmatisch die Wende vom Sein als Substanz und Sein als Subjekt, von der Welt zum Ich vollzogen."[82] Eine determinierte Bedingtheit ist damit aufgehoben; vollziehbarer Individualismus führt zu individuell-erfahrbarer Freiheit.

Mit der Forderung des tätigen Handelns ist der Mensch, der damit die Welt gestalten soll, auf sich selbst in aller Verantwortung zurückgeworfen. Ein Sich-Erkennen bedeutet ebenso das Erkennen eines für sein eigenes Tun verantwortlichen Subjekts, ein Zurückgeworfen-Sein auf sich selbst, auf seine Gesinnung und Fähigkeiten.

Der Idealismus hatte das Ich in die Pflicht der Vernunft genommen, die nach Hegel einsetzende Abkehr von aller Abstraktion jedoch, also die Kritik am Idealismus, muss hingegen dem Ich wieder Inhalt, So-Sein, Existenz geben, ohne ihm die philosophische Freiheit zu nehmen.

Dieses freie Ich steht in keinem organischen Zusammenhalt mit den gesellschaftlichen Gegebenheiten mehr. Traditionelle Zugehörigkeit verliert ihre Bedeutung. Bindungskräfte werden wirkungslos. Der Ort der Familie als symbolische Gemeinschaft wird durch Abwesenheit repräsentiert. Das Ich in aller Souveränität muss neu gefüllt werden, Sinn-Welt in sich selber finden.

---

80 Friedrich Schlegel: Athenäums-Fragmente [53]. In: Ders.: *Charakteristiken und Kritiken I (1796-1801)*. (= Kritische Friedrich-Schlegel-Ausgabe. 2. Bd. Hg. v. Ernst Behler). München 1967, S. 173.
81 Zeile aus dem Gedicht *Vorgefühl*. In: Rainer Maria Rilke: *Die Gedichte*. Frankfurt am Main 1998, S. 349.
82 Johann Mader: *Philosophie in der Revolte*. Wien 1993, S. 14.

Johann Gottlieb Fichtes *Grundlage der gesamten Wissenschaftslehre*[83] war so für die Autoren der Frühromantik Auslöser ihrer neuen philosophischen Denkansätze geworden, die entscheidende Selbstklärungsprozesse einleiten und zu eigenen radikalen Konzeptionen führen.[84]

Bei Fichte werden die Erkenntnisse und Erfahrungen des Individuums gebündelt in der *Einheit des Wissens*, welche das Wissen um Subjekte und Objekte ermöglicht und damit zu einem erfahrbaren Selbstbewusstsein, dem *Absoluten Ich* kommt. Dieses ist nun mit einem objektiven Weltbewusstsein ausgestattet:

> Als ein solches Selbst kann ich mich nicht nur von persönlichen, sondern auch von kulturellen, historischen, ja sogar gattungsmäßigen (anthropomorphen) Blickwinkeln freimachen und sie in eine nichtperspektivische (*centerless*) Konzeption der Welt als Inhalte einordnen. Die möglichst objektive Sicht der Welt und meiner selbst in ihr ist mit diesen Perspektiven nicht notwendig verbunden. Und doch sammelt ein solches ‚wahres' bzw. ‚objektives' Selbst Erfahrungen ‚durch die Augen' eines besonderen Individuums.[85]

Ein solches Verständnis und der romantische Begriff der *progressiven Universalpoesie* als sich selbst stets weiter generierender Schöpfung wird zur Quelle für die Theorie der *romantischen Ironie*; also der Aufhebung und Aufhebbarkeit jeglicher eigener Schöpfung, wie sie im weiteren für Philosophie und Ästhetik der Moderne von großem Einfluss sein sollte.

Im zweiten Teil seiner Dissertation *Über den Begriff der Ironie mit ständiger Rücksicht auf Sokrates* setzt sich so etwa auch Søren Kierkegaard mit dem romantischen Begriff der Ironie auseinander. Anhand von Texten Ludwig Tiecks und Friedrich Schlegels *Lucinde* (1799) kritisiert er sarkastisch:

> Die [romantische] dichterische Freiheit, welche gleich Münchhausen sich hinten am Schopfe packt und auf diese Art, ohne Boden unter den Füßen, frei in der Luft schwebt und den einen Purzelbaum immer noch possierlicher als den andern schlägt, es ist nicht mehr länger die pantheistische Unendlichkeit der Poesie; sondern es ist das endliche Subjekt, welches den ironischen Hebebaum ansetzt, um das ganze Dasein aus seinem festen Zusammenhalt herauszuwippen. Das gesamte Dasein wird nun *zu einem bloßen Spiel* für die dichtende Willkür, die da nichts

---

83 Johann Gottlieb Fichte: *Grundlage der gesamten Wissenschaftslehre (1794)*. Hg. v. Wilhelm G. Jacobs. Hamburg 1988.
84 Hans Dierkes: Philosophie der Romantik. In: *Romantik-Handbuch*. Hg. v. Helmut Schanze. Stuttgart 1994, S. 427-476, hier: S. 433.
85 Ludwig Siep: Johann Gottlieb Fichte. In: *Klassiker der Philosophie*. Hg. v. Otfried Höffe. München 1981², S. 40-61, hier: S. 57.

verschmäht, auch das Unbedeutendste nicht, für die aber auch nichts besteht, auch das Bedeutendste nicht.[86]

Er stellt fest, dass die Romantiker nicht überlebensfähig sind, sie erfassen die Wirklichkeit nicht mehr:

> Die Poesie erwacht, die großen Sehnsüchte, die heimlichen Ahnungen, die begeisternden Empfindungen erwachen [...] – der *Romantiker* fällt in Schlummer. In *Träumen* erlebt er das alles, und während zuvor um ihn alles geschlafen, ist nun alles wach, er aber schläft. [...] Müde und matt wacht er auf, ungestärkt, um wieder sich schlafen zu legen, und bald muß er die schlafwandlerischen Zustände künstlich erzeugen.[87]

Kierkegaard fordert, dass das Dasein des Dichters mit *beherrschter Ironie* in Übereinstimmung mit der Wirklichkeit und seiner Existenz zu bringen sei. Der Dichter lebt für ihn – am Beispiel Goethes – „erst *poetisch*, wenn er selbst in der Zeit, in der er lebt, sich zurecht findet und also in sie eingeordnet, positiv frei ist in der Wirklichkeit, der er angehört."[88] Aus der Romantik solle so das Inspirierende der Ironie in Zusammenhang gebracht werden mit der unmittelbar gelebten Zeitlichkeit, dem existentiell erfahrbaren Augenblick.

Mit Ernst Mach wird schließlich der Bogen zur Moderne gespannt. Mit seinen Grundhaltungen zu Demokratie, Sozialismus, antimetaphysischer Einstellung, Antiklerikalismus und skeptischer Selbständigkeit fand er eine Resonanz in der Wiener Moderne.[89] Die Rezeption durch Rilke konnte nicht nachgewiesen werden; Mach prägte aber entscheidend das philosophische Klima seiner Zeit und hat somit indirekt zweifellos auch auf Rilke gewirkt. Er entwickelt seine Elementenlehre aus der Naturwissenschaft und einer Analyse des natürlichen Weltbildes, aus der sich letzte Elemente ergeben. Diese stellen sich dar

> als eine Beziehung zwischen Außenwelt, Leib und Psyche. Betrachtet man einen Gegenstand in Beziehung zu einem anderen, so geht man physikalisch vor; prüft man seine Abhängigkeit etwa von der Netzhaut, so wird dies ein Gegenstand der Sinnesphysiologie; verfolgt man schließlich die Wirkung dieses Gegenstandes auf innerpsychische Vorgänge (z.B. Erinnerungen, Vorstellungen), so wird daraus eine psychologische Untersuchung.[90]

---

86 Sören Kierkegaard: *Über den Begriff der Ironie mit ständiger Rücksicht auf Sokrates (Om Begrebet Ironi med stadigt Hensyn til Socrates. 1841).* Hg. u. übers. v. Emanuel Hiersch. Gütersloh 1998[4], S. 308f.
87 Kierkegaard 1841, S. 310.
88 Kierkegaard 1841, S. 330.
89 Vgl. Herbert R. Ganslandt: Ernst Mach. In: *Enzyklopädie Philosophie und Wissenschaftstheorie*. Bd. 2: H-O. Hg. v. Jürgen Mittelstraß. Stuttgart 1995, S. 730-732, hier: S. 730.
90 Adolf Hohenester: Einleitung. In: Ernst Mach: *Populär-Wissenschaftliche Vorlesungen (1923)*. Hg. v. Karl Acham. Wien 1987, S. XV-XXXVII, hier: S. XXVI.

Er stellt das organische Leben in den Vordergrund seiner Überlegungen, das Ich ist durch seinen je eigenen *Körper* (Leib) ein gebundener Empfindungskomplex. Der Auseinandersetzung zwischen Subjekt und Objekt steht zunächst die Verbindung des Leibes mit Erinnerungen und Vorstellungen als einem Empfindungskomplex entgegen:

> Ich finde Erinnerungen, Hoffnungen, Befürchtungen, Triebe, Wünsche, Willen u.s.w. vor, an deren Entwicklung ich ebenso unschuldig bin, wie an dem Vorhandensein der Körper in der Umgebung. [...] Bei Beobachtung des Verhaltens der übrigen Menschenleiber zwingt mich nebst dem praktischen Bedürfnis eine starke Analogie, der ich nicht widerstehen kann, auch gegen meine Absicht, Erinnerungen, Hoffnungen, Befürchtungen, Triebe, Wünsche, Willen [...] auch an die anderen Menschen- und Tierleiber gebunden zu denken.[91]

Mach überschreitet den Parallelismus des Physischen und Psychischen durch seine *Denkökonomie*, d.h. das Bemühen, Sinnesdaten auf einfachste und ökonomische Art zu erfassen und zu beschreiben.

Mit dieser Verinnerlichung des Individuums setzt sich ein weiterer Philosoph auseinander: Georg Simmel.[92] Auch für ihn ist die Moderne nicht nur eine bestimmte Erfahrens- und Erlebensweise, die sich auf innerseelische Reaktionen beschränkt, bei ihm wird die Außenwelt mit ihren flüchtigen, fragmentarischen und widersprüchlich wahrgenommenen Momenten substantielles Element des menschlichen Innenlebens.[93] Simmels Begriff der Kultur meint

> sowohl die Objektivationen, in die sich ein der Subjektivität entspringendes Leben entäußert, also den objektiven Geist – wie auch umgekehrt die Formierung einer Seele, die sich aus der Natur zur Kultur emporarbeitet, also die Bildung des subjektiven Geistes. [...] Das Telos dieses Bildungsprozesses ist die Steigerung des individuellen Lebens.[94]

Mit Hilfe von soziologischen, philosophischen und ästhetischen Fragestellungen erarbeitet Simmel eine Form der *Gegenwartsanalyse*. In der Funktion der Großstädte sieht Simmel die Möglichkeit eines fruchtbaren Raumes zur Entwicklung des seelischen Daseins:

---

91 Ernst Mach: *Erkenntnis und Irrtum. Skizzen zur Psychologie der Forschung* (1905). Darmstadt 1976, S. 6.

92 Auf den österreichischen Kulturphilosophen Rudolf Kassner (1873-1959), mit dem Rilke freundschaftlich verbunden war, soll hier nicht eingegangen werden, da Bezüge eher in der späteren Lyrik Rilkes zu finden sind und jedenfalls *nicht* in der *Malte*-Phase. Vgl. Käte Hamburger: Die Kategorie des Raums in Rilkes Lyrik. In: Rilke und Kassner. In: Blätter der Rilke-Gesellschaft 15, 1988. Hg. v. d. Rilke-Gesellschaft, S. 35-42.

93 Vgl.: David P. Frisby: Georg Simmels Theorie der Moderne. In: *Georg Simmel und die Moderne*. Hg. v. Hans-Jürgen Dahme. Frankfurt 1984, S. 9-79, hier: S. 19.

94 Jürgen Habermas: Simmel als Zeitdiagnostiker. In: *Georg Simmel. Philosophische Kultur*. Berlin 1986, S. 7-18, hier: S. 11.

sie enthüllen sich als eines jener großen historischen Gebilde, in denen sich die entgegengesetzten, das Leben umfassenden Strömungen wie zu gleichen Rechten zusammenfinden und entfalten.[95]

Die Großstadt ist charakterisiert durch den Existenzraum des je Einzelnen, geprägt von Defensive und Offensive, im räumlichen Ausdruck eines Spannungsverhältnisses zu anderen Individuen. Hier hat das individuelle Sein die Aufgabe,

sich unverletzt zu erhalten. Erst durch Anstöße und Zurückweisungen, durch Enttäuschungen und Anpassungen pflegen wir allmählich zu erfahren, was von uns wir anderen offenbaren dürfen, ohne es auf verlegene Situationen, Gefühle von Indiskretion gegen uns selbst und direkte Schädigung ankommen zu lassen.[96]

Um auf die literarische Umsetzung dieser philosophischen Theorien und ihrer Ansprüche an das Individuum näher eingehen zu können, soll im folgenden ein kurzer Überblick gegeben werden.

---

95 Georg Simmel: Die Großstädte und das Geistesleben (1903). In: *Aufsätze und Abhandlungen 1901-1909* (= Georg Simmel: *Gesamtausgabe*. Hg. v. Otthein Rammstein. Bd. 7). Frankfurt am Main 1995, S. 116-131, hier: S. 131.
96 Georg Simmel: Soziologie des Raumes (1903). In: *Aufsätze und Abhandlungen 1901-1909* (= Georg Simmel: *Gesamtausgabe*. Hg. v. Otthein Rammstein. Bd. 7). Frankfurt am Main 1995, S. 132-183, S. 172.

> Ideal- und Real-Grund sind im Begriffe der
> Wirksamkeit [...] Eins und Ebendasselbe.[97]

2.1 Johann Gottlieb Fichte – Souveränität des Ich über die Welt

Fichtes Lehre setzt drei *Tathandlungen* des Ich fest: Das Ich setzt sich selbst, das Ich setzt ein Nicht-Ich, das Ich setzt im Ich dem teilbaren Ich ein teilbares Nicht-Ich entgegen. Die dingliche Welt wird dadurch Produkt unseres eigenen Vorstellungsvermögens, das Ich ist als die Dinge bestimmend zu denken. Das Subjekt erfährt damit eine umfassende Freiheit des Geistes; Ich und Welt durchdringen einander.

Das Ich ist als das Anschauende und Bestimmende entgegengesetzt zu denken dem Nicht-Ich als dem Angeschauten, Bestimmten. Die Tätigkeit des Anschauens ist die *schwebende Einbildungskraft*, durch die Handlung des *Fixierens* wird das durch die Bestimmung Entstandene zum Produkt der Einbildungskraft in ihrem Schweben. Alles, was fixiert ist, ist bloß im Verstand fixiert: „Die Einbildungskraft produziert Realität; aber es *ist* in ihr keine Realität; erst durch die Auffassung und das Begreifen im Verstande wird ihr Produkt etwas Reales."[98] In dieser Wechselwirkung wird das Angeschaute zu einem *Ding an und für sich*. Die Tätigkeit der Bestimmung eines fixierten Produkts der Einbildungskraft im Verstand durch die Vernunft ist „mithin ein Denken. Das Anschauende bestimmt sich selbst zum Denken eines Objekts. Insofern das Objekt durch das Denken bestimmt wird, ist es ein Gedachtes."[99] Die Einbildungskraft steht wiederum in Wechselbeziehung zur *Urteilskraft*, in der das Denkbare und die Denkbarkeit beurteilt wird: „Nur das als denkbar Beurteilte kann als Ursache der Anschauung gedacht werden."[100]

Das Ich soll schließlich das Prinzip des Lebens und des Bewusstseins in sich selbst haben und „unbedingt und ohne allen Grund das Prinzip in sich haben, über sich selbst zu reflektieren." Mit diesem Bewusstsein ausgestattet, dass das Ich als Realität gesetzt ist und der Möglichkeit der Reflexion darüber wird es „notwendig gesetzt als ein unendliches Quantum, als ein die Unendlichkeit ausfüllendes Quantum."[101] Daraus folgt, dass das Ich abhängig von seinem Dasein ist, aber unabhängig in den Bestimmungen seines Daseins; es wird damit zum *absoluten Sein*.

Diesem absoluten Sein und seinem unendlichen Streben setzt Fichte wiederum das Nicht-Ich entgegen als eine Begrenzung, die dem Ich damit auferlegt

---

97 Fichte 1794, S. 95.
98 Fichte 1794, S. 152f.
99 Fichte 1794, S. 159.
100 Fichte 1794, S. 161.
101 Fichte 1794, S. 191.

ist, er nennt dies *Gefühl*. Das fühlende Ich reflektiert das gefühlte Objekt und sehnt sich nach Auflösung seines Unvermögens, die Idee des Objektes zu realisieren. Dieser Trieb ist der „*Trieb nach Wechselbestimmung* des Ich durch sich selbst, oder den Trieb nach absoluter *Einheit* und Vollendung des Ich in sich selbst."[102] Fichte setzt den Trieb wiederum in Bezug zur Handlung, mit dem Handeln ist der Trieb unterbrochen: „Die Harmonie ist da, und es entsteht ein Gefühl des *Beifalls*, das hier ein Gefühl der *Zufriedenheit* ist." Im Falle eines Nichthandelns bildet sich das „Gefühl des *Mißfallens*, der Unzufriedenheit, der Entzweiung des Subjekts mit sich selbst."[103] Das Subjekt hat die Möglichkeit, durch sein synthetisches Anschauungsvermögen die empirische Begrenztheit durch Handeln zu überwinden. In diesem Anschauen hat das Subjekt die Möglichkeit, die gegebene Realität in ein Bild zu verwandeln, das die Erscheinung als *Fürsichsein des Subjekts* vorstellt. Das Reale wird durch das anschauende Subjekt als *Widerschein* der Idee seines Handelns.[104]

Die *Wissenschaftslehre* endet, daraus folgernd, mit der Feststellung, dass „unsere sinnliche Wirksamkeit in der Sinnenwelt, die wir *glauben*, […] uns nicht anders zu[kommt], als mittelbar durch die Vorstellung."[105]

---

102 Fichte 1794, S. 242.
103 Fichte 1794, S. 244.
104 Vgl. Bernd Küster: *Transzendentale Einbildungskraft und ästhetische Phantasie*. Hanstein 1979, S. 62.
105 Fichte 1794, S. 244.

> Die meisten Menschen sind subjektiv gegen sich selbst und objektiv gegen alle anderen, entsetzlich objektiv zuweilen – ach, die Aufgabe ist just objektiv gegen sich selbst zu sein und subjektiv gegen alle anderen.[106]

2.2 Søren Kierkegaard – Alles wesentliche Erkennen betrifft die Existenz

Um den Zugang des Menschen zur Realität nicht durch Abstraktionen zu erschweren, hat Kierkegaard zur Bestimmung der Wirklichkeit ein eigenes Begriffssystem geschaffen. Mit den Kategorien wie *Sprung, Augenblick, Wiederholung, Gleichzeitigkeit* und *Angst* soll das Denken im wörtlichen Sinne überschritten werden können.[107] Der Mensch ist bei Kierkegaard eine Synthese aus Unendlichkeit und Endlichkeit, Zeitlichem und Ewigem, Freiheit und Notwendigkeit.

In der Konzeption des Menschen als einer Synthese aus Seelischem und Körperlichem werden in Kierkegaards Werk *Der Begriff Angst* beide Teile durch den Geist vereint und bestimmt. Der Geist wiederum verhält sich zu sich selbst als Angst, erwachsen aus dem Wissen um das ungeheure Nichts der Unwissenheit. Das Nichts der *subjektiven* Angst ist ein

> Komplex von Ahnungen, die sich in sich selbst reflektieren, dem Individuum näher und näher rücken, obgleich sie, wesentlich gesehen, in der Angst wiederum Nichts bedeuten; doch das ist wohlgemerkt kein Nichts, mit dem das Individuum nichts zu tun hätte, sondern ein Nichts, das lebendig mit der Unwissenheit der Unschuld kommuniziert.[108]

Kierkegaard versteht die Angst als die Möglichkeit der Freiheit; in dieser „Möglichkeit ist alles gleich möglich, und wer in Wahrheit durch die Möglichkeit erzogen wurde, der hat das Entsetzliche ebensogut wie das Lächelnde begriffen."[109] Die Angst ist also im Entscheidungsspielraum des Menschen tief verankert und damit durch das Individuum auch beeinflussbar. In der Bewältigung von Konfliktsituationen führt sie nicht nur zu einem Abwägen, sondern greift darüber hinaus, „hebt die starre Trennung von Innen und Außen, von Eigenem und Fremdem, Vergangenem und Zukünftigem auf."[110]

---

106 Kierkegaard: *Tagebücher 1834-1855*, S. 256.
107 Vgl. Uta Eichler: Freiheit und Angst. Nachwort. In: Søren Kierkegaard: *Der Begriff Angst*. Stuttgart 1992, S. 201-233, hier: S. 212.
108 Kierkegaard 1844, S. 73.
109 Kierkegaard 1844, S. 182.
110 Eichler 1992, S. 204.

Kierkegaards Konzeption der Angst ist eng mit den oben angeführten Begriffen verbunden, so auch mit dem Zeitlichen und dem Endlichen. Von dem Moment, der weder der Vergangenheit noch der Zukunft angehört, sich zwischen Ruhe und Beweglichkeit befindet, entwickelt Kierkegaard seine Theorie des Augenblicks, als *bildlicher Ausdruck* kreist er zwischen den Zeiten, den Ereignissen, den Menschen: „Nichts ist so schnell wie der Blick des Auges, und doch ist er kommensurabel für den Gehalt des Ewigen."[111] Im Augenblick kann sich das Individuum zurückziehen in ein Zusammenspiel des Reflektierens über Vergangenes, Zukünftiges und momentaner Erscheinung. Das in sich geschlossene autonome Subjekt erfährt im Erlebnis des Augenblicks eine Exploration:

> Der Augenblick ist jenes Zweideutige, in dem sich Zeit und Ewigkeit berühren, und damit ist der Begriff *Zeitlichkeit* gesetzt, wo die Zeit ständig die Ewigkeit abschneidet und die Ewigkeit ständig die Zeit durchdringt. Jetzt erst bekommt jene erwähnte Einteilung ihre Bedeutung: die gegenwärtige Zeit, die vergangene Zeit, die zukünftige Zeit.[112]

In seiner Abhandlung *Die Krankheit zum Tode* möchte Kierkegaard das Wagnis unternehmen, „ganz man selbst zu werden, ein einzelner Mensch, allein vor Gott, allein in dieser ungeheuren Anstrengung und mit dieser ungeheuren Verantwortung."[113] Sein Ausgangspunkt ist, dass existentielle Verzweiflung als Krankheit wahrgenommen wird:

> *Verzweiflung ist eine Krankheit im Geist, im Selbst, und kann so ein Dreifaches sein: verzweifelt nicht sich bewußt sein, ein Selbst zu haben (uneigentliche Verzweiflung); verzweifelt nicht man selbst sein wollen; verzweifelt man selbst sein wollen.*[114]

Die Möglichkeit zur Verzweiflung ist für ihn ein Vorzug; in der Verzweiflung erhält das Sein eine *Steigerung zum Seinkönnen*. In dem Augenblick, in dem der Mensch verzweifelt, bündelt sich die Gegenwart mit nicht bewältigtem Vergangenen. Wenn Verzweiflung eine *Bestimmung des Geistes* ist, wird alles Vorhergehende im Gegenwärtigen zur Möglichkeit, die sich wiederum zum *Ewigen im Menschen* verhält.

Den Begriff *Krankheit zum Tode* will Kierkegaard auf besondere Art verstanden wissen. Diese Krankheit muss so beschaffen sein, dass „das Letzte der Tod und der Tod das letzte ist. Und ebendies ist Verzweiflung."[115] Hier stößt der

---

111 Kierkegaard 1844, S. 103.
112 Kierkegaard 1844, S. 105.
113 Søren Kierkegaard: *Die Krankheit zum Tode (Sygdommen til Døden. 1849)*. Übers. v. Gisela Perlet. Stuttgart 1997, S. 7.
114 Kierkegaard 1849, S. 13.
115 Kierkegaard 1849, S. 19.

Mensch an eine unhintergehbare Endlichkeit; Verzweiflung erscheint als Resultat eines Bewusstseins, das sich nicht zu Ende denken kann[116]:

> In dieser letzten Bedeutung ist nun Verzweiflung die Krankheit zum Tode, jener qualvolle Widerspruch, jene Krankheit im Selbst, ewig zu sterben [...] und doch nicht zu sterben, den Tod zu sterben. Denn sterben bedeutet, daß es vorbei ist, doch den Tod sterben bedeutet, daß man das Sterben erlebt; und wenn sich dieses in einem einzigen Augenblick erleben läßt, dann läßt es sich damit auf ewig erleben. Würde ein Mensch an Verzweiflung sterben, wie man an einer Krankheit stirbt, dann müßte das Ewige in ihm, das Selbst, in dem gleichen Sinn sterben können, wie der Körper an der Krankheit stirbt. Dies aber ist eine Unmöglichkeit; das Sterben der Verzweiflung setzt sich ständig in ein Leben um.

In diesem Ausnahmezustand des Geistes muss der Mensch erkennen, dass er nicht *über etwas verzweifelt*, sondern *eigentlich über sich selbst*. In der Folge untersucht Kierkegaard die drei Erscheinungsformen (siehe oben) der Verzweiflung. In der ersten Form kann sie bewusst oder unbewusst sein. Das Selbst muss sich in der Synthese von Endlichkeit als Begrenzung und von Unendlichkeit als Erweiterung finden. Die Verzweiflung an der Unendlichkeit ist das *Phantastische*, hier

> kann schließlich das ganze Selbst phantastisch werden, ob nun in einer mehr aktiven Form, wobei sich der Mensch in Phantastische stürzt, oder in einer mehr leidenden Form, wobei er sich hinreißen läßt, jedoch in beiden Fällen verantwortlich. Das Selbst führt dann eine phantastische Existenz in abstrakter Verunendlichung oder in abstrakter Isolation, ständig ohne sein Selbst, von dem es sich nur immer weiter entfernt.[117]

In dieser phantastischen Dimension des Daseins kann der Mensch die Wirklichkeit nicht mehr realisieren, er schweift ab ins Grenzenlose, er lebt in der Welt der Phantasie, der unendlichen Möglichkeiten und kann nicht mehr zu sich selbst kommen.[118]

Zur Seinswerdung des Selbst sind Möglichkeit und Notwendigkeit – als das Zurückhaltende – ebenso notwendige dialektische Begriffe. Sich dem Notwendigen im eigenen Selbst zu beugen, heißt sich zu begrenzen und näher zu bestimmen. Gelingt dies nicht,

> kann man sich in der Möglichkeit auf alle möglichen Arten verlaufen, wesentlich jedoch auf zwei. Die eine Form ist die wünschende, verlangende, die zweite die schwermütig-phantastische (Hoffnung – Furcht oder Angst). [...] Das Individuum verfolgt schwermütig liebend eine Möglichkeit der Angst, die es schließlich von

---

116 Vgl. Liessmann 1993, S. 128.
117 Kierkegaard 1849, S. 35.
118 Vgl. Liessmann 1993, S. 130.

ihm selbst wegführt, so daß es in jener Angst oder in dem umkommt, worin umzukommen es befürchtet hat."[119]

Fehlt es dem Individuum jedoch an Möglichkeiten, führt es zum *Spießbürgertum*. Der Spießbürger „beruhigt sich im Trivialen, ob es nun gut oder schief geht, gleich verzweifelt."[120]

In einem zweiten Schritt geht Kierkegaard den Erscheinungsformen der Krankheit nach. Je mehr Bewusstsein das Selbst hat, umso höher steigt der Grad der Verzweiflung am Irdischen und am Ewigen. Die erste Form ist „verzweifelt nicht man selbst sein wollen."[121] Den Wunsch, ein anderer Mensch sein zu wollen, entlarvt Kierkegaard als *unendlich komisch*; es ist die Verzweiflung der Schwäche, das Leiden des Selbst.

Die andere Form der Krankheit ist die, „verzweifelt man selbst sein zu wollen."[122] Dieser Mensch will in endlosen Experimenten sein Sein zu einem Selbst machen, will sein konkretes Selbst bestimmen. Die verzweifelte Selbstbehauptung ist die Verzweiflung im Trotz. Dieses Ich baut sich „also ständig nur Luftschlösser und ficht ständig bloß in der Luft."[123] Dieses innere Ringen, das zur Verwirklichung einer entsprechenden Äußerlichkeit bedarf, ist ein Selbstwiderspruch, der nicht gelöst werden kann.

Mit der Thematisierung von Angst und Verzweiflung in dem für ihn spezifischen Sinn geht Kierkegaard an die äußersten Grenzen des menschlichen Daseins. Seine Werke enthalten ebenso die Ansätze einer Zivilisationskritik, die sich unter den Begriffen Entfremdung und Selbstsuche bis in die heutige Zeit weiterschreibt, wie auch jene grundsätzlichen Erkenntnisse zur Relativierung von Innen und Außen, Vorstellung und Wahrnehmung in den Erfahrungen *Angst* und *Krankheit*, welche zweifellos die Konzeption der Brigge-Figur mitprägen.

---

119 Kierkegaard 1849, S. 41.
120 Kierkegaard 1849, S. 46.
121 Kierkegaard 1849, S. 61.
122 Kierkegaard 1849, S. 77.
123 Kierkegaard 1849, S. 80.

> Bei Schluß meiner Augen verschwindet überhaupt mein optischer Befund.[124]

2.3 Ernst Mach – Das unrettbare Ich

Machs zunächst naturwissenschaftliche Ausrichtung wendet sich auf dieser Basis zunehmend erkenntnistheoretischen Ansätzen zur physisch-psychischen Disposition des Ich zu. An Erinnerungen, Hoffnungen, Befürchtungen, Trieben, Wünschen und Willen knüpft sich die Erfahrung des eigenen bestimmten Körpers, gekennzeichnet als ‚*mein* Leib'. Aus dieser Erkenntnis gelangt das Ich zu der willkürlichen Analogie, diese Triebe an alle anderen Menschen gebunden zu denken:

> Die Befunde im Raume, in meiner Umgebung, *hängen voneinander ab*. [...] Das Verhalten anderer Menschen nötigt mich zu der Annahme, daß darin ihre Befunde den meinigen gleichen.[125]

Machs Interesse gilt den Elementen der realen Welt und den Elementen des Ich in ihrer funktionalen Abhängigkeit voneinander. Im Zusammenhang von Psychischem mit dem Physischen, den

> Geberden [sic], Mienen, Worten, Taten, kann ich auf Grund meiner Physisches und Psychisches umfassenden Erfahrung einen mehr oder weniger sicheren Analogieschluß auf die Gedanken des Nachbarn wagen.[126]

Für Mach gibt es kein isoliertes Fühlen, Wollen und Denken; in der Gesamtheit aller Erkenntnis ist die Abhängigkeit der Elemente voneinander erfahrbar. In der *Association* im Raum vorhandener Gegebenheiten beruht die geglückte psychische Anpassung. Mach weiß aber um den differenten Charakter dieses Vorstellungsverlaufes:

> [S]owohl die Introspektion als auch die Beobachtung anderer Lebewesen, welchen wir Bewußtsein analog dem unsrigen zuschreiben müssen, lehrt, daß das Bewußtsein in der *Reproduktion* und *Association* seine Wurzel hat und daß die Höhe des Bewußtseins mit dem Reichtum, der Leichtigkeit, Geschwindigkeit, Lebhaftigkeit und Ordnung dieser Funktion parallel geht. [...] Die einzelne Empfindung ist übrigens weder bewußt, noch unbewußt. Bewußt wird dieselbe durch die Einordnung in die Erlebnisse der Gegenwart.[127]

---

124 Mach 1905, S. 7.
125 Mach 1905, S. 7.
126 Mach 1905, S. 21.
127 Mach 1905, S. 43f.

Das Ich ist bei Mach einem assoziativen Fluss von Erkennen, Empfinden und Beobachten ausgesetzt. Die Trennung zwischen Physischem und Psychischem, Außen- und Innenwelt wird aufgehoben. Das Subjekt ist Quelle und Produkt der Wahrnehmung; das Ich wird zum Mittelpunkt der subjektivistischen Weltsicht.[128]

Die Grundlage zur Erkenntnis der Welt ist untrennbar verbunden mit dem aufnehmenden Akt des Bewusstseins des Ich. Die ‚Empfindungsdaten' sollen das Individuum durch naturwissenschaftlich-ökonomisches Denken zu einer Erweiterung des Bewusstseins führen, so dass es die umgebende Wirklichkeit als Ganzes erfassen kann. Das Ich ist einer ‚ständigen Selbstanalyse' ausgesetzt. Diese muss nach Manfred Sommer dazu führen,

> den Satz ‚Das Ich ist unrettbar' wortwörtlich [zu] nehmen, dann wird offenkundig, daß er neben seinem tiefen ontologischen einen abgründigen soteriologischen Sinn hat: „Das Ich kann nicht gerettet werden". Keine Rettung, keine Erlösung, kein Heil, keine *Soteria*: für alle, die sich ‚Ich' nennen können.[129]

In diesem sich ständig transformierenden Erkenntnisprozess ist keine Kontinuität und Einheit zu erreichen, in der „Ununterscheidbarkeit von objektiven Gegebenheiten und subjektiven Empfindungen kann weder die Außenwelt noch die Psyche Gegenstand der Erkenntnis sein."[130]

---

128 Vgl. Barz 2003, S. 66.
129 Sommer 1996, S. 398.
130 Barz 2003, S. 66.

> Beides, Freiheit wie Notwendigkeit, sind Siege der Seele über das bloß Tatsächliche des Daseins; beide leben erst in *der* Gestaltung, deren Notwendigkeit in dem inneren Sinn und Sein des Schaffenden, in dem Lebensausdruck der geschaffenen Gestalt liegt.[131]

2.4 Georg Simmel – Zeitgeschichtliche Auflösung alles Substantiellen

Für den Kulturphilosophen Simmel[132] ist der Begriff *Leben* zentraler Ausgangspunkt seiner Überlegungen; Leben als Geistesleben, „wie es sich uns im Selbstbewusstsein und in den geistigen Schöpfungen als eine Innerlichkeit aufschließt, die auch die autonomen Objektgestaltungen umfasst und auch dann noch trägt, wenn sie diese aus sich heraus- und sich gegenüberstellt."[133]

> Die tiefsten Probleme des modernen Lebens quellen aus dem Anspruch des Individuums, die Selbständigkeit und Eigenart seines Daseins gegen die Übermächte der Gesellschaft, des geschichtlich Ererbten, der äußerlichen Kultur und Technik des Lebens zu bewahren – die letzterreichte Umgestaltung des Kampfes mit der Natur, den der primitive Mensch um seine *leibliche* Existenz zu führen hat."[134]

Mit dieser Einleitung beginnt Simmel seine Abhandlung „Die Großstädte und das Geistesleben". Im *sozialen Raum* der Großstadt ist der Mensch für ihn „einem raschen und ununterbrochenen Wechsel äußerer und innerer Eindrücke" ausgesetzt, die für das Individuum zu einer „*Steigerung des Nervenlebens*"[135] führt. Augenblickliche Eindrücke, rasch wechselnde Bilder, Wechsel und Gegensatz der Erscheinungen, die Anhäufung vieler Menschen mit differenzierten Interessen, all dies muss zwangsläufig zu einer *Sphäre der Gleichgültigkeit* führen:

> Denn die gegenseitige Reserve und Indifferenz, die geistigen Lebensbedingungen großer Kreise, werden in ihrem Erfolg für die Unabhängigkeit des Individuums

---

131 Georg Simmel: Rodin (1918). In: *Philosophische Kultur*. (= Georg Simmel: *Gesamtausgabe*. Hg. v. Otthein Rammstein. Bd. 14). Frankfurt am Main 1995, S. 151-165, hier: S. 161.
132 1897 lernt Rilke in Berlin Georg Simmel (1858-1918) kennen. Simmel hält damals Vorlesungen zu Ethik, Logik und Erkenntnistheorie und zur Philosophie des 19. Jahrhunderts unter Berücksichtigung der Kultur- und Lebensprobleme der Gegenwart. Vgl. Bernd Lutz: *Metzler Philosophen Lexikon*. Stuttgart 1989, S. 729-732.
133 Max Frischeisen-Köhler: Georg Simmel. In: *Georg Simmel*. Hg. v. Peter Ulrich Hein. Frankfurt 1990, S. 23-70, hier S. 44.
134 Simmel 1903, S. 116.
135 Simmel 1903, S. 116.

nie stärker gefühlt, als in dem dichtesten Gewühl der Großstadt, weil die körperliche Nähe und Enge die geistige Distanz erst recht anschaulich macht; es ist offenbar nur der Revers dieser Freiheit, wenn man sich unter Umständen nirgends so einsam und verlassen fühlt, als eben in dem großstädtischen Gewühl.[136]

Simmel sieht die Problematik, in den Dimensionen der Großstadt die eigene Persönlichkeit zu konstituieren; auf der anderen Seite bieten die großen Städte für ihn die Möglichkeit einer persönlich erfahrbaren Freiheit. In der Abgrenzung zu anderen Menschen, in der das Individuum Unverwechselbarkeit empfinden kann, entsteht individuelle Freiheit. Diese ist für Simmel ‚das logische und historische Ergänzungsglied' zur Weite und Unbegrenztheit der Großstadt, deren Funktion es ist

> den Platz für den Streit und für die Einigungsversuche beider herzugeben, indem ihre eigentümlichen Bedingungen sich uns als Gelegenheiten und Reize für die Entwicklung beider offenbart haben. Damit gewinnen sie einen ganz einzigen, an unübersehbare Bedeutungen fruchtbaren Platz in der Entwicklung des seelischen Daseins.[137]

Auch in seinem Aufsatz „Soziologie des Raumes"[138] betont er die Wechselwirkung zwischen dem stark eingegrenzten Existenzraum einer Gesellschaft und der gleichzeitigen soziologischen Extensität des Raumes. Die Kontinuität des Raumes enthält objektiv nirgends eine absolute Grenze; diese kann deshalb subjektiv gelegt werden. Der soziologische Begriff der Grenze bedeutet,

> daß die Sphäre einer Persönlichkeit nach Macht oder Intelligenz, nach Fähigkeit des Ertragens oder des Genießens eine Grenze gefunden hat – aber ohne daß an diesem Ende sich nun die Sphäre eines anderen ansetzte und mit ihrer eigenen Grenze die des ersten merkbarer festlegte.[139]

In jedem engeren Zusammenleben geschieht eine psychologisch-hypothetische Vorstellung vom je Anderen, „bis ein soweit ganzer Mensch herauskommt, wie wir ihn innerlich und für die Lebenspraxis brauchen."[140] Die Grenze zwischen der unerlässlichen Konstruktion der *fremden Seele* und der *psychologischen Indiskretion* liegt in dem Bewusstsein, dass sich die Linie der Sphäre bis zu einem gewissen Punkt decken darf, an dem unverletzlich das andere Bewusstsein beginnt, „über deren Offenbarung nur er ganz allein zu verfügen hat."[141] Gerade in den großen Metropolen ist diese Grenzscheidung der persönlichen Sphären not-

---

136 Simmel 1903, S. 126.
137 Simmel 1903, S. 131.
138 Simmel 1903, S. 138.
139 Simmel 1903, S. 140.
140 Simmel 1903, S. 142.
141 Simmel 1903, S. 142.

wendig, eine „Schutzvorrichtung, ohne die man in der Großstadt sich seelisch zerreiben und sprengen müßte."[142] Simmel bestätigt in seinem *individuellen Gesetz* das „Anders- und Besondersein, die qualitative Unvergleichbarkeit des Einzelnen"[143].

Zugleich aber ist dieser Einzelne auch Allgemeines, insofern als „das individuelle Lebens nichts Subjektes ist, sondern ohne irgendwie seine Beschränkung auf dies Individuum zu verlieren, als ethisches Sollen schlechthin objektiv ist."[144] Dieses individuelle Sollen repräsentiert die ganze Persönlichkeit und ein *Gesamtleben*. In dieser *tiefsten Persönlichkeitsschicht* wiederum empfindet das Individuum „die qualitative Einsamkeit des persönlichen Lebens, deren Brückenlosigkeit in dem Maße der Selbstbesinnung fühlbar wird." [145] Das ethische Sollen entlässt den Menschen in die Freiheit und in die Selbstverantwortung, so ist

> das ganze Leben für jede Tat und jede Tat für das ganze Leben verantwortlich. [D]as Leben [hat] die Gestalt [...], jeweils als ganzes sein jeweiliger Moment zu sein, und die unvergleichliche Art seiner Einheit [besteht] eben darin, daß die völlige inhaltliche Entgegengesetztheit dieser Momente sie nicht hindert, ein persönliches Leben in seiner Ganzheit darzustellen, daß jedes Verhalten ‚das Leben' ist – so ist das bedingende Enthaltensein der ganzen Vergangenheit in dem aktuellen Sollen nur ein anderer Ausdruck dafür[146].

Die Spannung von Kontinuität und Diskontinuität der Lebensdeutungsmuster ergibt das Subjekt-Objekt-Problem, das bei Simmel vollständig in die Subjektivität des Individuums hineingenommen wird und damit die Erfahrung der existentiellen Gebrochenheit der Moderne erhält.[147]

In all diesen philosophischen Konzeptionen begegnen wir ähnlichen Begriffen einer existentiellen Erfahrungswelt, die mit einer überwältigenden Präsenz der Selbstverantwortung einhergeht. Bei Fichte ist das Ich durch selbsttätiges Handeln mit Selbstverantwortung ausgestattet. Es ist ein fühlendes, erkennendes Ich, das in Absolutsetzung sich selbst und seine Welt bestimmt.

Dieses *absolute Ich* wandelt sich in der Spiegelung mit der Realität zum Kierkegaardschen existentiellen Ich. In der autonomen Existenz des Individuums liegt der Fokus nun auf dem Einzelnen, der sich in der Auseinandersetzung mit gesellschaftlich-kulturellen Bedingungen subjektiv abgrenzt. In dieser

---

142 Simmel 1903, S. 159.
143 Georg Simmel: Lebensanschauung (1918). In: Georg Simmel: *Gesamtausgabe*. Bd. 16. Hg. v. Gregor Fitzi u. Otthein Rammstedt. Frankfurt am Main 1999, S. 212-425, hier: S. 414.
144 Simmel 1918, S. 410.
145 Simmel 1918, S. 415.
146 Simmel 1918, S. 423.
147 Vgl. Isadora Bauer: *Die Tragik in der Existenz des modernen Menschen bei G. Simmel*. Berlin 1962, S. 17.

Begegnung von abstrahierter Logizität mit der Realität stürzt das Ich in Verzweiflung. Sowie es sich denkt als den Einzelnen, weiß es um die Endlichkeit, die Begrenztheit, die Begrifflichkeit seines Denkens.

Die Absolutheit des Ich ist bei Mach und Simmel gesellschaftlich nicht mehr festzumachen. Mit der Industrialisierung und der Verstädterung stürzt das Ich vom Podest der Welterklärung in die Existenz der erklärten Welt. Die Bedingung zur Ausformung des Ich liegt in der Wechselwirkung zwischen Individuum und Gesellschaft, zwischen Innen und Außen, zwischen Bewusstsein und Raum.

> Welch ein Unterschied zwischen dem jugendlichen Willen die ganze Welt anders zu machen, und dann der Entdeckung, daß man selber es ist, der da anders werden soll, und daß die Forderung ist, eben dies solle einen begeistern, oder daß die Aufgabe ist, sich selbst unverändert zu bewahren, ach, indessen alles sich verändert hat.[148]

3. Wahrnehmungsweisen der Moderne und die Epiphanie des Augenblicks

Mit der Exponiertheit des Protagonisten Brigge wird das Subjekt zwar noch wie in der Romantik Instanz seines Bewusstsein; aber erst mit der Selbstinszenierung der literarischen Figur mit all ihren Brüchen der Moderne gelingt Rilke

> zum erstenmal ein Werk [...], welches einer freien Rezeption die Tür öffnet und damit jenen Forderungen entspricht, die mehr als hundert Jahre zuvor zu radikal waren, als daß sie die Erzählpraxis bereits nachhaltig hätten bestimmen können.[149]

Dazu ist es notwendig, den Protagonisten aus der Provinz herauszunehmen und ihn den neuartigen und irritierenden Gegebenheiten einer Metropole auszusetzen. Nur dort kann, wie Irmgard Egger nachweist, die Mannigfaltigkeit und Vielschichtigkeit zum einzig möglichen Ort der modernen Literatur mit ihrem Anspruch auf existentielle Auseinandersetzung avancieren.[150] Der Schritt von der Romantik zur Moderne kann auf der Folie philosophischer Diskurse nachvollzogen werden.

Den Romanen Rilkes und Jacobsens soll jedoch nachdrücklich keine Philosophie aufgesetzt, sondern vielmehr der Zusammenhang der geistigen Strömungen der Zeit und ihren schöpferischen Leistungen entwickelt werden.[151] Wie in Kapitel 2 aufgezeigt werden konnte, finden sich in den philosophischen Theorien jener Zeit die Stichworte zur existentiellen Auseinandersetzung des Protagonisten Brigge; diese philosophischen Denkmodelle transferiert Rilke in literarische Momentaufnahmen des Bewusstseins Brigges. Die Komplexität dieser Erfahrungen findet sich explizit in den Momenten der augenblicklichen Erscheinungen; die Epiphanie bezieht sich zunächst auf ein

---

148 Kierkegaard 1845, S. 155.
149 Jürgen H. Petersen: Der Leser als Souverän. In: Ders.: *Der deutsche Roman der Moderne. Grundlegung – Typologie – Entwicklung*. Stuttgart 1991, S. 68-98, hier: S. 72.
150 Vgl. Irmgard Egger: Nervöse Romantik. Heimito von Doderer im Kontext der modernen Großstadtliteratur. In: Jahrbuch zur Kultur und Literatur der Weimarer Republik, Bd. 6 (2001), S. 143-163, hier: S. 156.
151 Vgl. Eckhard Heftrich: *Die Philosophie und Rilke*. Freiburg/München 1962, S. 149.

äußeres Erscheinungsbild, auf die Registrierung der Oberfläche. Was durch die Sinne in einem bestimmten, konzentrierten Moment wahrgenommen wird, nimmt als Erscheinung Umrisse an. Im gleichen Vorgang aber wird Epiphanie als wahrgenommener Moment auch schon Erscheinung = Vision, vorgestellter Moment, der die einzelne Wahrnehmung von einem anvisierten Ganzen her aufleuchten, strahlen lässt. Erinnerung und Erwartung verknüpfen die äußere Erscheinung mit den ältesten Menschheitserfahrungen und -träumen und den jüngsten vortastenden Entdeckungsversuchen. Augenblick und Einzelding werden so, wie bisher kaum, betont. Nicht ein System der organologischen Entfaltung gibt dem Roman Halt und Stütze, sondern eine Schar von gegensätzlichen Augenblicken, die als Nacheinander, Nebeneinander und Miteinander von Epiphanien komponiert sind.[152]

In den Roman eingeführt werden wir durch die existentiellen Gedankenströme Brigges, der damit versucht, über die Sinneswahrnehmung wieder an die Welt anzuknüpfen und die Dinge für ihn als gerade noch erfassbare Nahtstelle zur Gegenwart erfahrbar zu machen. Der Blick auf den Moment der äußeren Erscheinung, der *Registrierung der Oberfläche* bringt für Brigge diffuse und bedrohliche Erfahrungen. Der damit einhergehende Kontrollverlust ist verbunden mit einem

> Wunsch nach Präsenz als Reaktion auf eine Alltagswelt [und der Hoffnung], daß ästhetisches Erleben uns dabei helfen wird, die räumliche und körperliche Dimension unseres Daseins wiederzuerlangen; daß uns ästhetisches Erleben das Gefühl eines In-der-Welt-Seins wiedergibt, das Gefühl, zur physischen Objektwelt zu gehören.[153]

Ausgehend von den einerseits gesicherten, andererseits überbordenden Kindheitserlebnissen wird Erlebtes und Erinnertes in Paris zu einer mehrschichtigen Wahrnehmung zusammengesetzt. Brigge ist in Paris zunächst einem scheinbar unprätentiösen Alltag ausgesetzt. In expressionistischen Situationen spiegeln sich frühe Erfahrungen in der Erinnerung, nun jedoch ephemer und auf die Erscheinung minimalistischer, die Existenz bedrohende und gleichzeitig bewusstseinserweiternde Augenblicke fixiert. Die *erzählerischen Bildräume* changieren zwischen Vergangenheit und Gegenwart, so wird das

> Zusammenliegende [...] getrennt, weit auseinanderliegende Räume hingegen verschmolzen [...]. Sie haben keine topografische Funktion mehr, sondern sind Bild- und Zeichenräume. Der Vorgang des Sehens, der seinerseits öfter thematisiert wird, hat hier kein festes Subjekt, die Blickbewegungen schweben im Raum.[154]

---

152 Walter Höllerer: Die Epiphanie als Held des Romans. In: Akzente Heft 2/3 (1961), S. 125-136, hier: S. 127.
153 Gumbrecht 2003, S. 220.
154 Ralph Köhnen: Das physiologische Wissen Rilkes und seine Cézanne-Rezeption. In: *Poetik der Evidenz. Die Herausforderungen der Bilder in der Literatur um 1900*. Hg. v. Helmut Pfotenhauer u.a. Würzburg 2005, S. 140-162, hier: S. 150.

Diese Spuren der Entgrenzung in der imaginären Anschauung im Rückgriff auf Erlebtes und ihrer Entsprechung in der Grenzüberschreitung in Paris finden sich bereits bei Søren Kierkegaard, der feststellt,

> wenn Gefühl oder Erkenntnis oder Wille dann phantastisch geworden sind, kann schließlich das ganze Selbst phantastisch werden, ob nun in einer mehr aktiven Form, wobei sich der Mensch ins Phantastische stürzt, oder in einer mehr leidenden Form, wobei er sich hinreißen läßt, jedoch in beiden Fällen verantwortlich. Das Selbst führt dann eine phantastische Existenz in abstrakter Verunendlichung oder in abstrakter Isolation, ständig ohne sein Selbst, von dem es sich immer weiter entfernt.[155]

Auf Rilkes literarischer Umsetzung von Brigges Strategien, in Paris zu der existentialistischen Selbst*findung* und Selbst*erfindung* aus dieser phantastischen Existenz im obigen Sinne und damit zu einer Selbst*aneignung*[156] zu gelangen, soll in der Folge das Augenmerk liegen, denn Brigge ist nicht nur

> monomanisch dem eigenen Ich verfallen, er hat nicht nur Schwierigkeiten mit seiner Umwelt, er ist nicht nur Leidender. Malte Laurids Brigge ist auch als Leidender eine ganz entschieden kreative Natur. Mit seinen Fragen, Zweifeln und Negationen schafft er sich zugleich den Freiraum für die eigene kreative Kraft.[157]

In der Spiegelung vergangenen der Erlebnisse des dänischen Schauplatzes mit den gegenwärtigen Wirklichkeitseindrücken in Paris gelingt eine atmosphärische Verdichtung, aus der Brigges außergewöhnliche Wahrnehmungstätigkeit nachvollziehbar wird.

---

155 Kierkegaard 1849, S. 35.
156 Vgl. Rahel Jaeggi: *Entfremdung. Zur Aktualität eines sozialphilosophischen Problems.* Frankfurt am Main 2005, S. 221.
157 August Stahl (Hg.): Deutungsaspekte. In: Rainer Maria Rilke: *Prosa und Dramen* (= Rainer Maria Rilke: *Werke*. Komment. Ausg. in 4 Bd. Hg. v. Manfred Engel, Ulrich Fülleborn u.a. Bd. 3). Darmstadt 1996, S. 891-909, hier: S. 906.

> Wenn du Leere fühlst, ja was sollst du dann tun? Gesellschaft und Zerstreuung sind nur scheinbare Hilfen. Du mußt [...] allein sein. Du mußt dich fühlen wie einen leeren Raum, wie ein Gewölbe.[158]

3.1 Kindliche Raumwahrnehmung in Dänemark: *Die Existenz des Entsetzlichen [...]. Du atmest es ein.* [159]

Brigges Kindheit erscheint zunächst nach romantischen Prinzipien geprägt von unheimlichen und unglaublichen Erfahrungen, Erzählungen und Geschichten, eingebunden im eng umschlossenen Raum familiärer Episoden. Schon das Haus, in dem er die bewegenden Sommer erlebt hat, erscheint ihm *merkwürdig*, phantastisch aufgeladen:

> So wie ich es in meiner kindlich gearbeiteten Erinnerung wiederfinde, ist es kein Gebäude; es ist ganz aufgeteilt in mir, da ein Raum, dort ein Raum und hier ein Stück Gang, das diese beiden Räume nicht verbindet, sondern für sich, als Fragment, aufbewahrt ist. In dieser Weise ist alles in mir verstreut, - die Zimmer, die Treppen, die mit so großer Umständlichkeit sich niederließen. [...] Es ist, als wäre das Bild dieses Hauses aus unendlicher Höhe in mich hineingestürzt und auf meinem Grunde zerschlagen. (MB 729)

Die frühromantische Leichtigkeit, die Welt den Wunschvorstellungen anzupassen und belastende Situationen in der Ich-Setzung phantastisch aufzuheben, wird noch skizziert. So wird in der perspektivischen Wahrnehmung das innovative romantische Prinzip entwickelt; es entsteht über den

> gedehnten Blickprozeß auf das Bilddetail [...] der Eindruck eines stehenden Jetzt (nunc stans), das Stufen der Vergangenheit ebenso umfaßt wie der Zukunft. Mehrere Zeitstufen können simultan auf einer Ebene erscheinen; es gibt nur noch die Eigenzeit der verschiedenen Systeme, Dinge, Figuren oder Handlungsstränge und keine verbindliche chronometrische Zeit mehr.[160]

Rilke löst jedoch das romantische Ungefähre auf; das *Als-ob* in der Imagination wird zwar noch genutzt, gleichzeitig werden aber Übergänge in eine Realitätsvorstellung des subjektiven, der Moderne entsprechenden Anspruches geschaffen:

---

158 Rilke: *Briefe 1902-1906*, S. 195.
159 MB 776.
160 Köhnen 2005, S. 150.

Demzufolge besagt das Als-ob, daß die dargestellte Welt eigentlich keine Welt ist, sondern aus Gründen eines bestimmten Zwecks so vorgestellt werden soll, als ob sie eine sei. Denn überall, wo nur eine solche imaginative Vergleichung oder eine Vergleichung mit etwas Imaginativen stattfindet, und diese Vergleichung nicht *bloss* ein *leeres* Spiel der Vorstellung ist, sondern irgend einen *praktischen Zweck* hat, sodass also aus der Vergleichung Konsequenzen gezogen werden, ist die Partikelverbindung *als ob* an ihrem Platze, weil sie [...] ein vorliegendes Etwas mit den notwendigen Folgen eines imaginativen Falles vergleicht.[161]

Die Vergangenheit wird nicht destruiert, sondern in der Verinnerlichung zu einem ästhetizierten Versuch, zu Authenzität zu gelangen. Komplexe Architektur wie ein großes Gutshaus wird bei Rilke als Wahr-Scheinlichkeit in der kindlichen Erfahrung zu einer nicht zu begreifenden, entfremdeten Dimension, umschlossen und aufgehoben im Innern des Protagonisten als imaginierte Rückbindung an die Welt. Die materielle Ebene, verbunden mit dem dort Erlebten als Erinnerung, Sehnsucht und Angst wird zum verinnerlichten Archiv; diese subjektivierende räumliche Relation dient wiederum der Erfassung der Wirklichkeit. In Brigges Innerem *ganz erhalten* – so scheint es ihm – ist nur der Saal, in dem die Familie das Abendessen einnimmt. Der hohe gewölbte Raum

> war stärker als alles; er saugte mit seiner dunkelnden Höhe, mit seinen niemals ganz aufgeklärten Ecken alle Bilder aus einem heraus, ohne einen bestimmten Ersatz dafür zu geben. Man saß da wie aufgelöst; völlig ohne Willen, ohne Besinnung, ohne Lust, ohne Abwehr. Man war wie eine leere Stelle. (MB 730)

Dieser Raum umschließt den vom Großvater sogenannten Mikrokosmos *Familie* mit all ihrer Egozentrik hermetisch. Brigge ist dem Wechselspiel einer komplexen Familienbindung, ebenso wie einem Kontrollverlust dem eigenen Leben gegenüber ausgesetzt. In den weiteren Erörterungen zur Kindheit schildert Brigge ein weiteres indifferentes Zimmer. Dieses bleibt Brigge unbekannt und damit nur in der Erzählung konkretisierbar. Ein Diener erzählt ihm, dass in diesem sein Oheim alchimistische Versuche unternehme; er ist mit

> einem Stockhaus in Verbindung, von wo man ihm ein- oder zweimal jährlich Leichen zusandte, mit denen er sich Tage und Nächte einschloß und die er zerschnitt und auf eine geheimnisvolle Art zubereitete, so daß sie der Verwesung widerstanden. (MB 731)

Hier begegnet uns wiederum der Bruch mit der äußeren, sichtbaren Welt; das Scheinhafte, Unüberprüfbare wird mit einer Beiläufigkeit geschildert, in der sich hochdramatische Familienkonstellationen unspektakulär auflösen. Diese Kindheitserlebnisse in den privaten Räumen der Familie werden zum Erfahrungsre-

---

161 Iser 1993, S. 39.

servoir der späteren Erlebnisse in Paris; die Eindrücke werden perspektivisch in Bilder übertragen,

> die die Zeit stillstellen, verräumlichen, das Nacheinander zum Nebeneinander und Ineinander eines Tableaus verwandeln. Das Kontinuierliche wird [...] zum Diskontinuierlichen, das in einem Verlauf Eingebettete zum Unvermittelten, Plötzlichen, zur Unterbrechung, das in der Handlung eindeutig Verortete zum Zweideutigen, Widersprüchlichen, zur Koinzidenz der Extreme.[162]

In diesem Sinne bergen auch die Häuser anderer Familien Unheimliches: „Das große, alte Schloß [der Familie Schulin] war abgebrannt vor ein paar Jahren, und nun wohnten sie in den beiden engen Seitenflügeln und schränkten sich ein." (MB 836) Der Kutscher fährt die Familie Brigge zu einem Besuch in dieses Schloß, „und für uns alle war es in diesem Augenblick da. Wir stiegen die Freitreppe hinauf, die auf die alte Terrasse führte und wunderten uns, dass es ganz dunkel sei." (MB 838) Auch als sich die Situation aufklärt und die Herrschaften in den Seitentrakt geführt werden, vermutet Brigge, die Schulins „gehen natürlich nur hin, wenn es nicht da ist [...]; wenn Maman und ich hier wohnten, so wäre es immer da. Maman sah zerstreut aus, [...] sie dachte gewiß an das Haus." (MB 840)[163]

Durch die Mutter ist Brigge in das *Sehen des Unsichtbaren* bzw. die *Erfahrung der anderen Wirklichkeit* eingeführt worden.[164] Die Mutter gilt trotz aller Irrationalität als einzig vertrauter Fluchtpunkt, als ein Rückzugsort in den scheinbar gesicherten Raum der Kindheit. Die Mutterfiguren müssen sowohl bei Jacobsen als auch bei Rilke – trotz aller Ambivalenz – als Integrationsraum der Familienbindung gesehen werden. Abseits dieser schützenden Mutterfigur überfällt Brigge

> zum erstenmal in meinem Leben etwas wie Gespensterfurcht. Es wurde mir klar, daß alle die deutlichen großen Menschen, die eben noch gesprochen und gelacht hatten, gebückt herumgingen und sich mit etwas Unsichtbarem beschäftigten; daß

---

162 Helmut Pfotenhauer: *Sprachbilder. Untersuchungen zur Literatur seit dem achzehnten Jahrhundert*. Würzburg 2000, S. 9.
163 Eine ähnliche frühkindliche Phantasie-Erfahrung beschreibt Søren Kierkegaard in einer unveröffentlichten Aufzeichnung; wenn er „zuweilen um die Erlaubnis bat, auszugehen, erhielt er meistens eine abschlägige Antwort; wohingegen der Vater ihm gelegentlich als Entschädigung vorschlug, an seiner Hand im Zimmer auf und ab zu spazieren. [...] Sie gingen dann zum Tor hinaus, zu einem nahegelegenen Lustschloß [...] oder in den Straßen umher [...]; denn der Vater vermochte alles. Während sie nun im Zimmer auf und ab gingen, erzählte der Vater alles, was sie sahen. [...] Er erzählte alles so genau, so lebendig, so gegenwärtig [...], so ausführlich und anschaulich [...], daß er, nachdem er eine halbe Stunde mit dem Vater spazieren gegangen, so überwältigt und müde war, als sei er einen ganzen Tag draußen gewesen." Zitiert nach: Peter P. Rohde: *Kierkegaard*. Hamburg 2002[24], S. 9.
164 Vgl. Kruse 1994, S. 169.

sie zugaben, daß da etwas war, was sie nicht sahen. Und es war schrecklich, daß es stärker war als sie alle. (MB 841)

In der Dialektik von kindlicher Wahrnehmung und Einbildungskraft versagen die Erwachsenen. Ihre Orientierungslosigkeit wird für Brigge in der Erinnerung festgemacht am räumlichen Familienbesitz, der für das Kind Brigge von der Familie nicht hinterfragte phantastische Elemente enthält. Die symbolische Ordnung der Familie erweist sich zugleich als ein Ort von Identität und Differenz. Brigge muss seine Kindheit als metaphysische Unbehaustheit in einem Geflecht von unheimlichen, sich der Befragung widersetzenden Raumpunkten erleben.

Die Erfahrung einer *Gespensterwirklichkeit* durchzieht seine Kindheit: „Dieses Sehen bedeutet also ein Ergänzen und Erweitern, eine Steigerung des Sichtbaren auf das Unsichtbare, aber gleichwohl Anwesende hin, das ‚Sehen' des Unsichtbaren."[165] Dieses übersteigerte Sehen wird die Grundlage für Brigges Paris-Erleben bilden. Rilke erschafft von der Einbildungskraft inszenierte Bilder, selbstverfertigte Bilder der Erinnerung, denen gemeinsam „die Suggestion des medialen Schwellenübertritts [ist]. Er ist Zeugnis eines besonders dieser Erinnerungsliteratur innewohnenden Verräumlichkeitsbedarfs."[166] Wir begegnen in der Folge Brigges faszinierenden Bewusstseinsphänomenen, die für ihn subjektiv wirklich sind:

Deshalb erlaubt die Reflexion auf das eigene Bewußtsein keine Täuschung. […] Die Bedingungen der Möglichkeit zur Illusionsbildung sind in der Reflexion auf das eigene Bewußtsein nicht gegeben, weil man nicht behauptet, daß etwas ist, sondern, wie etwas erscheint.[167]

Die Erfahrungen Brigges sind also nicht am Authentizitätspostulat festzumachen. Der Rezipient ist angehalten, Brigges existentialistische Bewusstseinsströme als solche nachzuvollziehen. Rilke hat auf eine klassische Erzählsituation verzichtet; mit dem subjektiven Begriff *Aufzeichnungen*, der keine endgültig innewohnende Faktizität beinhaltet, lässt sich der Roman

als Versuch lesen, das eigene Leben nachdenklich zu beschreiben. Der Leser, der ihm bei diesem Versuch folgen will, kann nicht mit beruhigenden Erklärungen rechnen. Im Gegenteil, er muß lernen, mit Fragen zu leben, deren Lösung ihm der Text selbst nicht abnimmt, sondern als Aufgabe zuschiebt und zumutet.[168]

Dieser philosophisch anmutende Auftrag an den Rezipienten führt von den Quellen der kindlichen Deutungsmuster phantastischer Szenarien zur überstei-

---
165 Kruse 1994, S. 160.
166 Pfotenhauer 2000, S. 20.
167 Lambert Wiesing: Einleitung. In: *Philosophie der Wahrnehmung.* Hg. v. Lambert Wiesing. Frankfurt am Main 2002, S. 9-64, hier: S. 17.
168 Stahl 1996, S. 891-909, hier: S. 895.

gerten Wahrnehmung einer fragmentierten Welt in der Großstadt. Räume werden auch in Paris zu Rätselräumen, Orientierung ist in dem interferierenden Stadtbild nicht mehr möglich.[169] Den überlebenswichtigen Bezugssystemen sinnlicher Wahrnehmung, die sich Brigge in Paris über Signifikate wie Häuser- oder Wohnungswände, freistehende Mauern und dergleichen[170] verschafft, folgt das nächste Kapitel.

---

169 Vgl. Ralph Köhnen: *Sehen als Textkultur. Intermediale Beziehungen zwischen Rilke und Cézanne*. Bielefeld 1995, S. 171.
170 Vgl. Köhnen 1995, S. 181.

> Wenn da zuweilen ein solcher Lärm in meinem Kopf ist, daß es ist, wie wenn das Schädeldach aufgehoben würde, und es ist gleichsam, wie wenn Kobolde einen Berg etwas aufhöben und darin nun Ball und Feste hielten.[171]

3.2 Gebrochene Raumwahrnehmung in Paris: Die großen Städte sind nicht wahr, sie täuschen den Tag, die Nacht[172]

Brigges *alte Welt* in Dänemark ist zusammengebrochen, er hat die verwunschene Provinz verlassen. Brigge ist in Paris ebenso schmerzhaften wie auch souveränen Imaginationen ausgeliefert. Die verinnerlichte Wahrnehmung von Räumen und ihre Funktion fungiert weiterhin als wesentlicher Faktor der Selbsterkenntnis. Er kultiviert auch in Paris sein anderes Sehen, obwohl er endgültig der Familienkonstellation enthoben und den komplexen Regeln des Großstadtlebens ausgesetzt ist; der Rezipient wird konfrontiert mit einem Stillebencharakter der Bildräume, die auch in der Metropole wie derealisiert erscheinen.[173]

Brigge führt ein äußerlich reduziertes, asketisches Leben, seine inneren Erfahrungen der Kindheit werden umso konsequenter weitergeführt. Brigge muss erkennen, dass die Einsamkeit in der großen Metropole wiederum einen einzigen Ort hat – die Selbstgewissheit, die Erkenntnis im Ich. Wahrnehmung und Topographie sind auch hier ineinandergeblendet. Judith Ryan stellt dazu fest,

> daß für Malte das Sehen in einer imaginativen Durchdringung der äußeren Gegenstände besteht. Kennzeichnenderweise sieht er nicht das Äußere, sondern die Innenseite der Dinge, die jeweils durch die Einwirkung seiner Phantasie modifiziert werden.[174]

Dieser Reduzierung der Wahrnehmung muss widersprochen werden. Ebenso der Feststellung August Stahls, dass dieses Sehen eine Haltung enthält, „die durch Verzicht auf das subjektive Element sich ganz dem Objektiven des Außen zuwendet."[175] Brigges Wahrnehmungen mit ihrem epiphanischen Charakter sind im Gegenteil immer auf die Wechselwirkung zwischen Subjekt und Objekt ausgerichtet. Gerade das Ineinanderfließen von inneren und äußeren Eindrücken

---

171 Kierkegaard: *Tagebücher 1834-1855*, S. 90.
172 Rainer Maria Rilke: Zeile aus dem Gedicht: *Das Buch von der Armut und vom Tode* (1903). In: Ders. *Gedichte*, S. 298.
173 Vgl. Köhnen, S. 150.
174 Judith Ryan: ‚Hypothetisches Erzählen': Zur Funktion von Phantasie und Einbildung in Rilkes ‚Malte Laurids Brigge'. In: *Jahrbuch der deutschen Schillergesellschaft*. Hg. v. Fritz Martini u.a. Stuttgart 1971, S. 341-374, hier: S. 348.
175 Stahl 1996, S. 912.

zieht Brigge in einen existentialistischen Sog der Selbstreflexion. Georg Simmel überträgt die Deutung des äußeren Geschehens in die Inhalte des Innenlebens, für

> die räumliche Außenwelt [...] gelten deshalb zunächst die Begriffe, durch die wir ein beobachtetes Dasein außerhalb des beobachtenden Subjekts vorstellen; sie ist der Typus des Objekts überhaupt und ihren Formen muß sich jede Vorstellung fügen, die für uns Objekt werden soll. Diese Forderung ergreift die Seele selbst, die sich zum Gegenstand ihrer eigenen Beobachtung macht. Vorher allerdings scheint sich noch die Beobachtung des Du einzustellen, ersichtlich das dringendste Erfordernis des Gemeinschaftslebens und der individuellen Selbstbehauptung.[176]

Brigges *Sehen* ist demgemäß sowohl ein transitives - als gegenstandsbeobachtend und objektbeherrschend[177] - als auch ein empathisches, in dem die realen Gegebenheiten in der Imagination verschwimmen und sich zu einem doppelten Boden öffnen können. Im Anschauen eines abgebrochenen Hauses stellt er fest: „es waren Häuser, die nicht mehr da waren." (MB 749) Brigge durchstreift Paris und *lernt sehen*:

> Ich weiß nicht woran es liegt, es geht alles tiefer in mich ein und bleibt nicht an der Stelle stehen, wo es sonst immer zu Ende war. Ich habe ein Inneres, von dem ich nicht wußte. Alles geht jetzt dorthin. Ich weiß nicht, was dort geschieht. (MB 710f.)

Diese extensiven Wahrnehmungsfilter heben kurzfristig die Dialektik von Erlebtem und Imaginiertem in ironischer Distanz auf: „Diesmal ist es Wahrheit, nichts weggelassen, natürlich auch nichts hinzugetan." (MB 749) Rilke spielt mit den Wirklichkeiten und Imaginationen, so ist „die im Text dargestellte Realität auch nicht als solche gemeint; sie ist Verweis auf etwas, das sie nicht ist, wenngleich dieses durch sie vorstellbar gemacht werden soll."[178] Die Ironie, die dem Roman aneignet, führt nicht zur Reduzierung des Existentiellen, sondern verschärft die Wahrnehmung.

Im Gegensatz zum endgültig niedergebrannten Schloß der Familie Schulin trifft Brigge in Paris auf Ruinen, Fragmenten von Mauern, Zimmern:

> Am unvergeßlichsten aber waren die Wände selbst. Das zähe Leben dieser Zimmer hatte sich nicht zertreten lassen. Es war noch da, es hielt sich an den Nägeln, die geblieben waren, es stand auf dem handbreiten Rest der Fußböden, es war un-

---

176 Georg Simmel: *Philosophie des Geldes*. (1901) Hg. v. David P. Frisby u. Klaus Christian Köhnke (= Georg Simmel: *Gesamtausgabe*. Hg. v. Otthein Rammstedt Bd. 6). Frankfurt am Main 1989, S. 655.
177 Vgl. Köhnen 1995, S. 276.
178 Iser 1993, S. 38.

ter den Ansätzen der Ecken, wo es noch ein klein wenig Innenraum gab, zusammengekrochen. (MB 750)

Brigges Assoziationen heben Distanz und Nähe wieder auf; in auratischer Aufladung setzt Brigge wie schon in der Kindheit den Raum in Beziehung zu sich selbst. Empirische Räume werden zu individualisierten Räumen, in der Derealisierung werden sie zu Hinweisräumen und Wechselbeziehungen auf die innere Konstellation des Protagonisten.[179] Diese visuellen Eindrücke fallen ins Innere zurück:

> Und aus diesen blau, grün und gelb gewesenen Wänden, die eingerahmt waren von den Bruchstücken der zerstörten Zwischenmauern, stand die Luft dieser Leben heraus, die zähe, träge, stockige Luft, die kein Wind noch zerstreut hatte. Da standen die Mittage und die Krankheiten und das Ausgeatmete und der jahrealte Rauch und der Schweiß [...], und das Fade aus den Menschen und der Fuselgeruch gärender Füße. (MB 750)

Auch in diesem toten Raum spürt Brigge den menschlichen Spuren nach und bewahrt Widerständigkeit gegen die Verlustwahrnehmung. Wie schon in Dänemark gehen diese Erfahrungen „so ohne weiteres in mich ein: es ist zu Hause in mir." (MB 751) Die durchlässige, alles transformierende Phantasie der Kindheit wird in Paris zu einem Zeiten und Räume übergreifenden Panorama des Inneren Brigges. In der Betrachtung der Ruine,

> dieser äußersten Steigerung und Erfüllung der Gegenwartsform der Vergangenheit, spielen so tiefe und zusammenfassende Energien unserer Seele, daß die scharfe Scheidung zwischen Anschauung und Gedanke völlig unzureichend wird. Hier wirkt eine seelische Ganzheit und befaßt, wie ihr Objekt die Gegensätze von Vergangenheit und Gegenwart in eine Einheitsform verschmilzt, die ganze Spannweite des körperlichen und geistigen Sehens in die Einheit ästhetischen Genießens, das ja immer in einer tieferen als der ästhetischen Einheit wurzelt.[180]

Brigge versucht, die Dynamik von erinnerter Vergangenheit und erweiterter Gegenwartswahrnehmung in einen für ihn bewältigbaren Diskurs zusammenzuführen; seine Assoziationen fußen in den Vorstellungsbildern der Kindheit:

> Drücken sich die Empfindungen in die Seele ein, so hat diese zugleich die Kraft, als Nachempfindung das wieder vorzustellen, was mittlerweile vergangen ist, um schließlich solche Phantasmate [...] mit einander vermischen und neue daraus machen zu können.[181]

---

179 Vgl. Köhnen 1995, S. 171.
180 Georg Simmel: Die Ruine (1907). In: *Philosophische Kultur. Über das Abenteuer, die Geschlechter und die Krise der Moderne*. Berlin 1986, S. 118-124, hier: S. 124.
181 Iser 1993, S. 304.

Der Identitätsverlust soll mit den gleichzeitig gesicherten wie indifferenten Erfahrungen der Kindheit kompensiert werden. Brigges Orientierung am Metropolen-Konzept - als einem Transformierungsprozess zur dänischen Provinz - wird weiterentwickelt und differenziert von vorgegebenen kindlichen Erinnerungsräumen zu subjektiven Projektionen in Paris. Beide Sphären werden zur Daseinserfahrung verdichtet in ihrem spannungsreichen Bogen von Vergangenem und erlebter Gegenwart Der drohende Wirklichkeitsverlust des Protagonisten wird durch die Epiphanien des Augenblicks aufgehoben; sie verfeinern die Anschauung. Die Augenblicke des Alltags in Paris führen zur Selbst-Überschreitung:

> Daß der Mensch sich selbst überwindet, bedeutet, daß er über die Grenzen hinausgreift, die der Augenblick ihm steckt. Es muß etwas zu überwinden da sein, aber es ist auch nur da, um überwunden zu werden. So ist der Mensch auch als ethischer das Grenzwesen, das keine Grenze hat.[182]

Den raumimmanenten und -übergreifenden Wirklichkeitserlebnissen Brigges – vermessen an Vergangenheit und Gegenwart – soll in der Folge nachgegangen werden.

---

182 Georg Simmel: Die Transzendenz des Lebens. In: Ders.: *Lebensanschauung* (1918). Hg. v. Gregor Fitzi u. Otthein Rammstedt (= Georg Simmel: *Gesamtausgabe*. Hg. v. Otthein Rammstedt. Bd. 16). Frankfurt am Main 1999, S. 212-235, hier: S. 218.

> Paris [...] ist eine schwere, bange Stadt. Und
> die schönen Dinge, die da sind, machen mit ih-
> rer strahlenden Ewigkeit doch nicht ganz gut,
> was man durch die Grausamkeit der Gassen
> [...], Menschen und Dinge leiden muß.[183]

3.3 Imaginierte Räume und ihre Bruchstellen: *Es gibt eine Fremdheit des Alltäglichen* [184]

Brigge nimmt Paris mit allen Sinnen wahr; so beginnt etwa die Gasse „von allen Seiten zu riechen." Er sieht ein Kind, das in der Luft „Jodoform, pommes frites, Angst" schmecken kann, eine Frau tastet sich an der Wand entlang, um sich zu vergewissern, dass es diese noch gibt. (MB 709). Geräusche wie ein bellender Hund, ein krähender Hahn, die die Stille verdrängen und ein ländliches Ambiente illustrieren, sind für ihn ein „Wohltun ohne Grenzen." (MB 710) Zu diesen Geräuschen gesellt sich jedoch etwas, das für Brigge als furchtbar wahrgenommen wird:

> die Stille. Ich glaube, bei großen Bränden tritt manchmal so ein Augenblick äu-
> ßerster Spannung ein [...]. Lautlos schiebt sich ein schwarzes Gesimse vor oben,
> und eine hohe Mauer, hinter welcher das Feuer auffährt neigt sich, lautlos. Alles
> steht und wartet mit hochgeschobenen Schultern, die Gesichter über die Augen
> zusammengezogen, auf den schrecklichen Schlag. So ist hier die Stille. (MB 710)

Paris ist der Schnittpunkt für Brigges Sehnsucht, ein authentisches Sein zu finden. Er gerät in den Sog der Metropole und ist hier einem merkwürdigen Ambiente der Verinnerlichung von Vergangenem, gepaart mit verhaltender Aufbruchstimmung bis zur Resignation vor dem nicht zu Bewältigenden konfrontiert. Körper und Geist dehnen sich zu Projektionsflächen, die sich in der Wechselwirkung von Nähe und Ferne zu einer Spurensuche materialisieren können, gleichsam wie im Sinne Benjamins:

> Die Spur ist Erscheinung einer Nähe, so fern das sein mag, was sie hinterließ. Die
> Aura ist Erscheinung einer Ferne, so nah das sein mag, was sie hervorruft. In der
> Spur werden wir der Sache habhaft; in der Aura bemächtigt sie sich unser.[185]

---

183 Rilke: *Briefe 1902-1906*, S. 57.
184 Michel de Certeau: *Kunst des Handelns (Art de faire.* 1980). Übers. v. Ronald Voullié. Berlin 1988, S. 182.
185 Walter Benjamin: Das Passagen-Werk. In: Ders.: *Gesammelte Schriften*. Hg. v. Rolf Tiedemann. Frankfurt 1991, S. 560. Josef Fürnkäs stellt dazu fest: „*Aura* erscheint bei Benjamin weniger als Begriff im philosophischen Sinn denn vielmehr als *Name* nach Maßgabe profaner Sprachmagie: *ein* Name für das Ganze der Wahrnehmbarkeit von Welt und Geschichte. Aura ist damit zugleich Chiffre für die Paradoxie einer möglichen Erfahrung

Mit einer ergreifenden Genauigkeit des Ausdrucks schildert Rilke die kreisende Suche Brigges innerhalb des Gedankenlabyrinths zwischen Gestern und Heute. Das Spurenziehen in der Metropole erlebt Brigge als fragwürdig: „Die Straße war zu leer, ihre Leere langweilte sich und zog mir den Schritt unter den Füßen weg und klappte mit ihm herum, drüben und da, wie mit einem Holzschuh." (MB 712) Dagegen spiegelt sich Erinnertes in einer auratischen Unberührtheit des Gewesenen wider, die den Protagonisten nicht mehr loslässt. Der Verlust der unwiederbringlich entschwundenen Epoche einer bürgerlichen Familienharmonie – trotz all ihrer ambivalenten Formen der Kommunikation – führt zu einem kontinuierlichen Erschrecken vor der horizontlosen Weite des Raumes der Großstadt.

Die visuelle, taktile und akustische Wahrnehmung der Stadt gewährt Brigges Existenz zunächst noch Konturen. Die Orientierung am Organismus Stadt scheint über äußere Bilder zu affektiver Rückbindung an das Selbst zu führen. All dies bedeutet, dass bei Brigge vom

> distanziertesten der Sinne, dem am Körper befestigten Augensinn ausgehend, [...] die Wahrnehmung der äußeren Welt über den Geruchssinn und den Hörsinn nach innen und zunehmend zugleich in die Konstitution eines inneren Körpergefühls über[geht].[186]

Auch Georg Simmel stellt die Botschaften des Organischen für das Großstadterleben in den Vordergrund; für die Vergesellschaftung und die Verknüpfung der Menschen in der Großstadt ist

> von sehr großer Wichtigkeit [...] der Geruchssinn, der hier mit den beiden anderen Sinnen eine Skala bildet, als er die dumpfeste, instinktivste, am ausschließlichsten gefühlsmäßige Bedingung jener Verhältnisse an die körperliche Nähe knüpft; der Geruchssinn für sich allein gibt hellere, bewußtere, differenzierte Motive der Vereinigung oder ihres Gegenteils; das Gehör verwebt Menschen schließlich wirklich ineinander, erst dies ist der dauernde Träger der Vereinigungen, die eine Geschichte haben.[187]

Brigges neuentwickeltes Schema der sinnlichen Aufmerksamkeit in der Metropole richtet sich so zunehmend auf seine Mitmenschen, um über diese zu einem Selbstverständnis zu gelangen. Mit der intensiven Auseinandersetzung von Aspekten der Wirklichkeitskonstruktion in der Spiegelung anderer Menschen geht eine verstärkte Bedeutung der Beobachtung des eigenen Selbst einher. Brigge sieht sich damit einer Verschiebung des Wahrnehmungshorizontes ausgesetzt:

---

des Unmöglichen." Josef Fürnkäs: Aura. In: *Benjamins Begriffe*. Bd. 1. Hg. v. Michael Opitz u. Ermut Wizisla. Frankfurt am Main 2000, S. 95-146, hier: S. 104

186 Kruse 1994, S. 33.

187 Simmel 1903, S. 160.

Denn die Scheidung des Subjekts von einem ihm gegenüberstehenden Objekt, die aber innerhalb des Subjekts in seinem weitesten Sinne als etwas ganz Objektives vorgeht, ist ja doch auch die Form, in der unser Selbstbewußtsein unsere *Wirklichkeit* ergreift.[188]

Rilke thematisiert die Beobachtung der Beobachtung, um seinen Protagonisten in diesem multiperspektivischen Verfahren zu Selbsterkenntnis zu führen. Die mütterliche Verdinglichung der Welt funktioniert nicht mehr. Brigge wird nun versuchen, diese an den Bildern der Menschen in Paris festzumachen. In der Vereinnahmung der Außenwelt und des Verhaltens anderer Menschen vermutet er, dass

ihre Befunde den meinigen gleichen. Die Kenntnis der Abhängigkeit der Befunde, der Erlebnisse voneinander ist für uns von dem größten Interesse, sowohl praktisch zur Befriedigung der Bedürfnisse, als auch theoretisch zur gedanklichen Ergänzung eines unvollständigen Befundes.[189]

Dieser *unvollständige Befund* von anderen Identitäten und das steigende Grauen vor der Realität richtet die Sinneswahrnehmung nun zunehmend nach innen. Die schmerzhafte Detailgenauigkeit des inneren Erlebens stört die Harmonie zwischen analytisch-rationalen und den sinnlich-emotionalen Bestandteilen der Psyche. In den Motivgeflechten von Gegenwart und Vergangenheit wird eine Gefühlswelt geschaffen, die zukünftige Sinnwelten eröffnen soll. Die Erfahrungen seines Bewusstseins in der Großstadt sind

durch die existentiell gefährdende Einwirkung der Außen- auf die Innenwirklichkeit geprägt. Die Innenwelt gibt wiederum die Ausrichtung der Wahrnehmungsform in Bezug auf die Außenwelt vor. Das Malte-Ich erkennt in der Zusammenführung der Stadt- und der Kindheitserlebnisse eine Beinahe-Deckungsgleichheit der Innen- und Außenwelt, d.h. das eine wird zum Sinnbild für das andere und umgekehrt.[190]

Der alltägliche Lebensvollzug Brigges wird immer wieder unterlaufen von den erlebten Räumen der Kindheit – Gefühlsräume in der funktionalen Einheit von imaginierten Traum- und Phantasiewelten –, die der souveränen Aneignung von Selbst und Welt entgegenstehen. Brigges individualistische Bewegung durch Zeit und Raum verweigert die Simmelsche Erfahrung der Großstadt, „in der man durch die Komplikation und Wirrnis des äußeren Lebensbildes an fortwährende

---

188 Simmel 1918, S. 348.
189 Mach 1905, S. 7.
190 Antje Wischmann: *Ästheten und Décadents. Eine Figurenuntersuchung anhand ausgewählter Prosatexte der Autoren H. Bang, J.P. Jacobsen, R.M. Rilke und H. v. Hofmannsthal.* Frankfurt am Main 1991, S. 189.

Abstraktionen, an Gleichgültigkeit gegen das räumlich Nächste und enge Beziehung zu räumlich sehr Entferntem gewöhnt wird."[191]

Die enorme Dichte der Eindrücke, Geräusche, Gerüche der Großstadt als summarischem Phänomen des Lebendigen erfährt Brigge als zur Apotheose seiner Innenwelt gesteigertes Chaos. In seiner Wahrnehmungswelt ist „nichts mehr eindeutig für den registrierenden Blick geordnet und ausgestellt, sondern alles vieldeutig und unbestimmt – verrätselte Räume einer produktiven Unordnung, in der sich Dinge und Zeiten überlagern und durchdringen."[192]

Der Schauplatz Paris bietet kein Bild der Zugehörigkeit; Daseinsaugenblicke erleiden in der bildhaften Spiegelung eine Abfolge optischer Verführungen, die jedoch ins existentielle Nichts führen.[193]

---

191 Simmel 1903, S. 157.
192 Heinz Brüggemann: Passagen. In: *Benjamins Begriffe*. Hg. v. Michael Opitz u. Erdmut Wizisla. Bd. 2. Frankfurt am Main 2000, S. 573-618, hier: S. 581.
193 Vgl. Susan Buck-Morss: *Dialektik des Sehens. Walter Benjamin und das Passagenwerk.* (*The Dialectics of Seeings. Walter Benjamin and the Arcadic Projects.* 1989) Übers. v. Joachim Schulte. Frankfurt am Main 1993, S. 229.

> Noch jetzt sind meine Beziehungen zu Büchern nicht ohne Befangenheit und es kann geschehen, daß ich mich in großen Bibliotheken geradezu einer feindlichen Übermacht ausgeliefert fühle, gegen welche jede Gegenwehr eines einzelnen sinnlos wäre.[194]

3.3.1 Ambivalente Bücherwelten – Versuchte Absicherung

Frühe Lese-Erfahrungen und deren Verräumlichung[195] begleiten den Text ebenso leitmotivisch und konstitutiv wie so viele andere Kindheitserfahrungen. Zu ihnen gehört ein *kleines grünes Buch*, von dem Brigge nur noch ahnen kann, von wem es stammt, von dem er aber weiß, dass es für ihn wichtig war:

> Es konnte sein, daß jemand dort zu lesen aufgehört hatte, der nie wieder las; daß das Schicksal in diesem Moment an seiner Türe klopfte, um ihn zu beschäftigen, daß er weit von allen Büchern weggeriet, die doch nicht das Leben sind. (MB 881)

Mit dieser erzähltechnischen Konstruktion hebt Rilke das Textgewebe auf eine Metaebene. Nun imaginiert Brigge einen fiktiven Leser, der in der Lektüre des fiktiven Buches keinen Anhaltspunkt für die eigene Identität findet. Die Welt der Bücher ist in atmosphärischer Verdichtung ein Zwischenreich der Entrückung, der Erkenntnis, der Freiheit und der gleichzeitigen Gefährdung, sich in der Erfahrung des Leseakts zu verlieren[196]:

---

194 Rainer Maria Rilke: Die Bücher zum wirklichen Leben (1907). In: Rainer Maria Rilke: *Schriften*. Bd. 4. Hg. v. Horst Nalewski (= Rainer Maria Rilke: *Werke*. Komm. Ausg. in 4 Bd. Hg. v. Manfred Engel u.a.) Frankfurt am Main 1996, S. 651.

195 Pierre Missac formuliert die gemeinsame Grundlage des Flanierens und des Lebens: „Es ist ein identischer Vorgang, der die Haltungen dessen, der wartet, denkt, liest oder flaniert, verbindet." Pierre Missac: *Walter Benjamins Passage* (*Passage de Walter Benjamin*. 1987) Übers. v. Ulrike Bischoff. Frankfurt am Main 1991, S. 73.

196 An dieser Stelle sei auf Wolfgang Iser verwiesen, der zu dem Zusammenspiel von Objektivität des Textes und Subjektivität des Lesers festhält: „Nun sind wir gar nicht in der Lage, einen Text in einem einzigen Augenblick aufzunehmen, ganz im Gegensatz etwa zur Objektwahrnehmung, die vielleicht ihren Gegenstand im Akt der Zuwendung nicht voll erfaßt, ihn jedoch in einem solchen Akt zunächst als ganzen vor sich hat. Bereits in dieser Hinsicht unterscheidet sich ein Text von Wahrnehmungsobjekten, wenngleich er wie diese erfaßt werden soll. Steht das Wahrnehmungsobjekt als Ganzes im Blick, so ist ein Text nur über die Ablaufphasen der Lektüre als ein *Objekt* zu erschließen." Wolfgang Iser: *Der Akt des Lesens. Theorie ästhetischer Wirkung*. München 1994[4], S. 177.

> Mit jeder Zeile brach man eine Welt an. [...] Da standen sie, selbst in diesem bescheidenen Bücherzimmer, in so aussichtloser Überzahl und hielten zusammen. [...] Manches kam mir in die Hände, was gleichsam schon hätte gelesen sein müssen [...], fällig war fast nichts für meine damalige Gegenwart. Und trotzdem las ich. (MB 893f.)

Brigges Bewusstsein changiert auch in der Bücherwelt zwischen Gegenwart und Gewesenem, das von der Erinnerung gegenwärtig gehalten wird. Der Besuch in der Bibliothèque Nationale in Paris bildet den Schauplatz für eine zunächst ausgeglichene Bestandsaufnahme; in dem hier erfahrbaren Paradox von Vergesellschaftlichung ebenso wie von Intimität, Autonomie und Abgrenzung stellt Brigge fest:

> Ich sitze und lese einen Dichter. Es sind viele Leute im Saal, aber man spürt sie nicht. Sie sind in den Büchern. Manchmal bewegen sie sich in den Blättern, wie Menschen, die schlafen und sich umwenden zwischen zwei Träumen. Ach, wie gut ist es doch, unter lesenden Menschen zu sein. Warum sind sie nicht immer so? (MB 741)

Es scheint, dass er an diesem Ort zu einer Integrität seines Selbst gelangen könnte. Aus den Büchern kann eine Welt erwachsen, in dem Vermögen des Augenblicks, ein dialektisches Bild zu entwickeln, in dem sich der davon durchdrungene Mensch seines Selbst bemächtigt.[197] In der Bibliothek ist auch eine *Geistesabwesenheit* in der Konzentration auf das Gelesene zu erfahren, es entsteht das

> Chimärische [...] auf der schwarzen und weißen Oberfläche der gedruckten Schriftzeichen, aus dem geschlossenen staubigen Band [...]. Das Imaginäre haust zwischen dem Buch und der Lampe. Man trägt das Phantastische nicht mehr im Herzen [...]. Das Imaginäre konstituiert sich nicht mehr im Gegensatz zum Realen, um es abzuleugnen oder zu kompensieren.[198]

Dieser subjektive Abstand kann jedoch nicht eingehalten werden. Brigges gesteigerte Wahrnehmung verzeichnet rasch wieder das Außen. Schon in der Kindheit hat er die symbolisch überhöhte Sphäre, die von Büchern ausgeht, zu spüren bekommen; auch in ihnen manifestiert sich für ihn die permanente Unberechenbarkeit der ihn umgebenden Wirklichkeit. Er erinnert sich an sein Kindermädchen bei der Lektüre:

> Sie war weit weg, wenn sie las, ich weiß nicht, ob sie im Buche war; sie konnte lesen, stundenlang, sie blätterte selten um, und ich hatte den Eindruck, als würden

---

197 Vgl. Missac 1987, S. 77.
198 Michel Foucault: Die Phantasmen der Bibliothek (1974). In: *Der Foucault-Reader. Diskurs und Medien.* Hg. v. Jan Engelmann. Stuttgart 1999, S. 85-92, hier: S. 87.

die Seiten immer voller unter ihr, als schaute sie Worte hinzu, bestimmte Worte, die sie nötig hatte und die nicht da waren. (MB 793)

Während das Kind Brigge zur gleichen Zeit ein Bild zeichnet, fällt ihm ein Stift unter den Tisch. Im Hinunterklettern erlebt er im Zwielicht unter dem Tisch seine Hand, die sich verselbständigt und plötzlich „so eigenmächtig herumtastete mit Bewegungen, die ich nie an ihr beobachtet hatte. Ich verfolgte sie, wie sie vordrang, es interessierte mich, ich war auf allerhand vorbereitet." (MB 795) Eine Zäsur erfährt dieses Erlebnis durch die Wahrnehmung einer *anderen* Hand. Brigge fühlt, dass die

> eine von den Händen mir gehörte und daß sie sich da in etwas einließ, was nicht wieder gutzumachen war. Mit allem Recht, das ich auf sie hatte, hielt ich sie an und zog sie flach und langsam zurück, indem ich die andere nicht aus den Augen ließ, die weitersuchte. Ich begriff, daß sie es nicht aufgeben würde. (MB 795)

Diese Abspaltungsszene einer spannungsvollen Doppelbewegung enthält jene das Selbst bedrohenden und gefährdenden Assoziationen, die sogleich relativiert werden müssen:

> Es ist natürlich Einbildung, wenn ich nun behaupte, ich hätte in jener Zeit schon gefühlt, daß da etwas in mein Leben gekommen sei, geradeaus in meines, womit ich allein würde herumgehen müssen, immer und immer. (MB 796)

Auch hier nimmt Rilke wiederum die Spur früherer Ereignisse und empfundener Absicherung auf und verknüpft sie mit der gegenwärtigen Situation. Über das Phänomen der Erinnerung können wir mit Brigge einen Blick auf die Gegenstände der menschlichen Erkenntnis werfen, die

> teils den Sinnen gegenwärtig eingeprägte Ideen sind, teils Ideen, welche durch ein Aufmerken auf das, was die Seele leidet und tut, gewonnen werden, teils endlich Ideen, welche mittels des Gedächtnisses und der Einbildungskraft durch Zusammensetzung, Teilung oder einfache Vergegenwärtigung der ursprünglich empfangenen Ideen gebildet werden.[199]

In der Auseinandersetzung mit seinem augenblicklichen Zustand in Paris beobachtet er nun die Menschen, die wie er – wenn auch aus anderen Gründen – Zuflucht in der Bibliothek suchen, und befürchtet, ebenfalls zu den *Fortgeworfenen* zu gehören: „Die sehen mich an und wissen es. Die wissen, daß ich eigentlich zu ihnen gehöre." (MB 742) In dieser Projektion werden die Menschen für Brigge nun

---

[199] Wiesing 2002, S. 95.

Abfälle, Schalen von Menschen, die das Schicksal ausgespieen hat. Feucht vom Speichel des Schicksals kleben sie an einer Mauer, an einer Laterne, an einer Plakatsäule, oder sie rinnen langsam die Gasse herunter mit einer dunklen, schmutzigen Spur hinter sich her. (MB 743)

In den raumgreifenden Exkursionen durch Paris bleibt seine Wirklichkeitssuche und -erkenntnis begrenzt; auch die intime Atmosphäre der Bibliothek gefährdet seine Selbstinstanz:

> Dem räumlich Nahen gegenüber, mit dem man sich in den beiderseitig verschiedensten Lagen und Stimmungen ohne die Möglichkeit von Vorsicht und Auswahl berührt, pflegt es nur die dezidierte Empfindungen zu geben, so daß diese Nähe die Grundlage sowohl des überschwänglichen Glückes wie des unerträglichsten Zwanges sein kann.[200]

So erfährt auch die Idylle der Bibliothek zwangsläufig Brüche. Es sind nicht nur die Lesewilligen dort, sondern auch die Menschen der Straße, die hier nur einen wärmenden Ort suchen. Rilke lenkt auf eindringliche Weise die empathische Wahrnehmung Brigges auf diesen Aspekt. Die angestrebte Wahrung von Subjekt und Objekt löst sich in eine Identitätssuche auf und verschwimmt zunehmend. Mit Perspektivwechseln zwischen Gestern und Heute nähert sich Rilke für den Rezipienten nachvollziehbar den Regionen des Inneren Brigges und der ständigen Bedrohung durch Wirklichkeitsverlust. Die Suche des Subjekts, die eigene Identität an Kindheitserfahrungen festzumachen, wird

> zunächst als positives Gegenbild zu den Pariser Schrecken intendiert, als Beschwörung einer noch heilen vergangenen Zeit. Doch je mehr Erinnerungen sich Malte aufdrängen, desto deutlicher erweist sich die vergessene Welt der Kindheit nicht als Gegen-, sondern als Ebenbild der Pariser Erfahrungen.[201]

Brigge ist trotz aller Anstrengung, sich vom Anderen abzugrenzen und Standfestigkeit zu gewinnen, in den Räumen der Großstadt so wenig zu Hause wie in jenen seines Inneren. Seine angestrebte Verständigung mit der Umwelt geht immer auch mit einem Verlustempfinden einher, dem weder ein Ausufern der Phantasie, noch die Bilderwelt der Imagination und ebensowenig die Vorstellung, Abwesendes mit Hilfe der Einbildungskraft in einem Panorama zur Anschauung zu bringen, Einhalt gebieten kann.[202] Der Lebensaugenblick, der nicht in Übereinstimmung mit einer sinnvoll gewordenen Welt gebracht werden kann, führt zu einem gesteigerten Fremdwerden in der Metropole und – buchstäblich – in der eigenen Haut.

---

200 Simmel 1903, S. 158.
201 Engel 1979, S. 342.
202 Vgl. Iser 1993, S. 292.

> Die Ärzte verstehen nicht meine Krankheit; sie
> ist psychisch, nun wollen sie sie auf die übli-
> che Ärztemanier nehmen.[203]

3.3.2 Ein Moment des Stillstandes – *Die Krankheit zum Tode*

Das geschärfte Beobachten und das ungeschönte Aufeinandertreffen mit den Menschen auf den Straßen von Paris lassen in Brigge die Furcht aufsteigen: „Es wäre sehr häßlich, hier krank zu werden." (MB 712) Als dies trotz seiner Befürchtungen doch eintritt, muss er feststellen: „Der Arzt hat mich nicht verstanden. Nichts. Es war ja auch schwer zu erzählen." (MB 758) Sein Aufenthalt in der Salpêtrière erinnert an seinen nächtlichen Besuch in der Familien-Galerie: „Und endlich merkte ich an der Tiefe, die mich anwehte, daß ich in die Galerie getreten sei. Ich fühlte auf der rechten Seite die Fenster mit der Nacht, und links mußten die Bilder sein. Ich hob mein Licht so hoch ich konnte. Ja: das waren die Bilder." (MB 813) In der Erinnerung und ihrer Widerspiegelung in der Gegenwart nimmt Brigge das Spital aus einer ähnlich labyrinthischen Perspektive wahr:

> Endlich kam ich in einen langen, dunklen, gangartigen Raum, der auf der einen Seite vier Fenster aus mattem, grünlichem Glas hatte, eines vom anderen durch eine breite, schwarze Zwischenwand getrennt. Davor lief eine Holzbank hin, an allem vorbei, und auf dieser saßen sie, die mich kannten, und warteten. Ja, sie waren alle da. (MB 758)

In der Wahrnehmung Brigges wird dieser Ort zum Gegenbild der Gesellschaft, zu einem irrealen Raum, einem – mit Foucault – Heterotopos, an dem „man Menschen unterbringt, deren Verhalten vom Durchschnitt oder von der geforderten Norm abweichen. Dazu gehören Sanatorien [...], die gleichsam an der Grenze zwischen Krisen- und Abweichungsheteropien stehen."[204] Im Warteraum der Salpêtrière zeigen sich die Krankheiten in erschreckenden Bildern; er wird an seine Kindheit erinnert, „an das erste, tiefe Entsetzen [...], wenn ich als Kind im Fieber lag: das Große." (MB 764)

Brigge ist, wie alle Kinder, Krankheiten ausgesetzt, in seiner Erinnerung erscheinen sie jedoch als außergewöhnliche Gefährdungen seiner phantastischen Sensibilität; bei ihm sind es: „Kinderkrankheiten, die so seltsam anheben mit so vielen tiefen und schweren Verwandlungen." (MB 724)

Nach seinem unheimlichen Kindheitserlebnis mit der sich verselbständigenden Hand (MB 793-797) will Brigge allen Mut zusammennehmen und seine

---

203 Kierkegaard: *Tagebücher 1834-1855*, S. 624.
204 Foucault 1967, S. 937.

ihm unbegreifliche Wahrnehmung den Erwachsenen erzählen, doch dann erkrankt er an einer

> von diesen Krankheiten, die darauf ausgingen, mir zu beweisen, daß dies nicht das erste eigene Erlebnis war. Das Fieber wühlte in mir und holte von ganz unten Erfahrungen, Bilder, Tatsachen heraus, von denen ich nicht gewußt hatte; ich lag, überhäuft mit mir, und wartete auf den Augenblick, da mir befohlen würde, dies alles wieder in mich hineinschichten, ordentlich, der Reihe nach. Ich begann, aber es wuchs mir unter den Händen, es sträubte sich, es war zuviel. Dann packte mich die Wut und ich warf alles in Haufen in mich hinein und preßte es zusammen; aber ich ging nicht wieder darüber zu. (MB 797)

Mit der diffusen Welt des Fiebers geht eine analysierende Genauigkeit der physischen und psychischen Befindlichkeit einher. In diesem Schnittwechsel zwischen Totale und Detailaufnahme werden alptraumartige Bilder freigesetzt. Die Krankheit offenbart sich als der

> reaktive innere Zustand des Ichs, in dem die Erscheinung, die Verdoppelung, der Austausch zwischen dem Inneren und der Welt, zwischen Sinneswahrnehmung und Phantasie zur Norm der Wahrnehmung werden.[205]

Eine undefinierbare Empfindung, von Brigge als das *Große* benannt, kommt nun als Manifestation einer imaginierten *Krankheit zum Tode* zurück. Furcht und Angst steigern sich zu einer subkutanen Wahrnehmung:

> Jetzt wuchs es aus mir heraus wie eine Geschwulst, wie ein zweiter Kopf, und war ein Teil von mir, obwohl es doch gar nicht zu mir gehören konnte, weil es so groß war. [...] Aber das Große schwoll an und wuchs mir vor das Gesicht wie eine warme bläuliche Beule und wuchs mir vor den Mund, und über meinem letzten Auge war schon der Schatten von seinem Rande. (MB 765)

Das Ausufern der organischen Befindlichkeit in unfassbare und rätselhafte Dimensionen führt zur Kierkegaardschen Erkenntnis, Krankheitssymptome – er nennt als Beispiel den Schwindel – als äußeres Zeichen einer verzweifelten Sinnsuche des Selbst zu betrachten:

> Daß diese Krankheit *im* Geiste, *im* Selbst ist, kann also nur eine ganzheitliche Qualifizierung meinen, eine Krankheit *des* Geistes bzw. Selbst selber. Diese Krankheit ist so im Geist, daß sie mit ihm (bzw. dem Selbst) zusammenfällt, ihn ganz ausfüllt, ja ausmacht. Es scheint sich bei ihr um eine Weise zu handeln, wie

---

205 Philip Fisher: City Matters: City Minds. Die Poetik der Großstadt in der modernen Literatur. In: *Die Unwirklichkeit der Städte. Großstadtdarstellungen zwischen Moderne und Postmoderne.* Hg. v. Klaus R. Scherpe. Reinbek bei Hamburg 1988, S. 106-128, hier: S. 118.

der Geist da ist, sich vollzieht: eine irgendwie verkehrte Weise, ein Selbst zu sein.[206]

Brigge überträgt die Beobachtungen der Kranken in der Salpêtrière in sein Inneres. Die Energie der anstürmenden Bilder wird metaphorisch ins Organische übertragen. Der eigene Zerfall manifestiert sich in Form eines Geschwulstes im Körper, ist zugleich Identität und Nichtidentität.[207] Es ist diese Krankheit, „die mich immer schon so eigentlich berührt hat." (MB 766)
Hier zeigt sich wiederum das Erinnern des Vergangenen mit dem Beziehungsetzen in die Gegenwart. Die existentielle Verunsicherung wird ins Körperliche übertragen:

> das künstlerische Ich der Moderne ist nervös, weil es mehr wahrnimmt und anders wahrnimmt […]. Die Krankheit, primär eine Handlungshemmung, bekommt einen speziellen Erkenntnisstatus: sie schafft die Möglichkeit oppositioneller Perspektiven, einen anderen Umgang mit Sinn, speziell aber eine Steigerung der Wahrnehmungsintensität.[208]

Das Leiden an den gesellschaftlichen Zuständen dringt in seinen Körper ein, erschüttert Brigge im Innersten. Die neugierige Gelassenheit des Flaneurs ist ihm nicht gelungen. Die *unterschätzte* Krankheit isoliert ihn weiter von den realen Umständen. Auch diese Körpererfahrung führt jedoch nicht zur Übereinstimmung mit der Welt, der eigene Körper

> ermöglicht *und* stört die Wahrnehmung. Und wir sind ständig dabei, ihn in Stellung zu bringen und auszuschalten. In der kinästhetischen Bewegung verfolgt der Leib zweierlei: zum einen Annäherung von Gegenständen an sich oder seiner selbst an Gegenstände; zum anderen: Entfernung, Ausschaltung, Wegnahme seiner Selbst.[209]

Brigges empathisches Gefangensein in der Existenz anderer Menschen, um über diese zu einer eigenen Verfasstheit zu gelangen, führt so zwangsläufig zu seiner Erkenntnis: „Was hätte es für einen Sinn gehabt, noch irgendwohin zu gehen, ich war leer. Wie ein leeres Papier trieb ich an den Häusern entlang, den Boulevard wieder hinauf." (MB 774) Wie aufgezeigt, nehmen urbane Räume immer auch Gestalt über die eigene Körpererfahrung an. So kommt auch Richard Sennet zu der Überzeugung, dass sich in der Zuwendung zu anderen Menschen

---

206 Joachim Ringleben: *Die Krankheit zum Tode von Sören Kierkegaard. Erklärung und Kommentar.* Göttingen 1995, S. 41.
207 Vgl. Kruse 1994, S. 119.
208 Volker Rittner: Krankheit und Gesundheit. Veränderungen in der sozialen Wahrnehmung des Körpers. In: *Die Wiederkehr des Körpers.* Hg. v. Dietmar Kamper u. Christoph Wulf. Frankfurt am Main 1982, S. 40-51, hier: S. 43.
209 Sommer 1996, S. 24.

das Verständnis, das wir von unserem eigenen Körper haben, verändern muß. Wir werden die Differenz anderer niemals erfahren können, solange wir nicht die körperliche Unzulänglichkeit in uns selbst anerkennen. Gesellschaftliches Mitleid entsteht aus diesem körperlichen Bewußtsein der Unzulänglichkeit in uns selbst.[210]

Bei Brigge hat die Begegnung mit den Passanten, vornehmlich aus der Gesellschaft gefallene Kranke und Alte, auf den Pariser Straßen und deren urbanen Räumen die Befürchtung sozialen Abstiegs zur Folge. Die Selbstbewegung als Selbstsuche wird nun zugunsten eines Rückzugs in das überschaubare Universum eines gemieteten Zimmers aufgegeben. Der notwendige Aspekt des Gehens als gegenwärtige Aneignung des Raumes durch ein Ich kann nicht mehr eingelöst werden.[211]

Das scheinbar Vertraute wird dort ebenfalls zu phantastischen Exkursionen ins Ungeheure. Brigge zieht sich aus der Interaktivität mit dem Stadtraum zurück und sucht die Bindungskräfte an das Leben im individuellen Raum seines Zimmers. Dieses wird für ihn zur inneren *Guckkastenbühne*:

> mit geschönten Bildern aus der Welt kann er der aus Angst geborenen Neigung frönen, sich im gemütlichen Interieur der privaten Wände gegen das feindliche und anonyme Außen der großstädtischen Massen ab[zuschließen]. Das Erlebnis fungiert als kurzweilige Sensation des vom *ennui* geplagten Müßiggängers, wird zur Obsession des auf psychische Entlastung hoffenden Einzelmenschen.[212]

---

210 Richard Sennett: *Fleisch und Sein. Der Körper und die Stadt in der westlichen Zivilisation.* (Flesh and Stone. 1994) Übers. v. Linda Meissner.Berlin 1995, S. 456.
211 Vgl. de Certeau 1988, S. 191.
212 Fürnkäs 2000, S. 128.

> Mag mein Hotel noch so viel Fehler haben, sein größter ist für mich diese enge Gasse mit den Fenstern vis-à-vis, mit den vielen eingerahmten fremden Lebensmomenten, deren Zeuge man fortwährend zu sein gezwungen wird, gerade in Augenblicken, da man den Blick nach Fernen hebt, Engen begegnend, die bange machen.[213]

3.3.3 Eingerahmte Lebensmomente – Rückzug in innere Räume

Brigge hat „um seine Kindheit gebeten." (MB 767) Damals war es wieder einmal die Mutter, die für Brigge zum tröstenden Fluchtpunkt wird: „Auf meiner Decke aber fand ich Mamans Tanzkarte und weiße Kamelien, die ich noch nie gesehen hatte und die ich mir auf die Augen legte, als ich merkte, wie kühl sie waren." (MB 798) Die Krankheit führt nun zu einer Sinnes-Schärfung, „so liegt da und da auf meiner Bettdecke Verlorenes aus der Kindheit und ist wie neu. Alle verlorenen Ängste sind wieder da." (MB 766f.)

Wie aufgezeigt wurde, ist Brigge durch seine Kindheit und die sie begleitenden Ängste determiniert. Sie bildet rigoros die Matrix für Gegenwärtiges. Hans Blumenberg konstatiert, dass in der anthropologischen Betrachtung der *Lebenswelt* (im Sinne der Theorien von Ernst Mach und Georg Simmel) als Gegenbegriff zur *objektiven Wissenschaftswelt* das Bewusstsein zum Artefakt des Unbewussten wird. In diesem philosophischen System der *Lebenswelt* soll die Erinnerung

> auf eine unauffällige, stille Weise dienstbar sein. Diese Dienstbarkeit bewirkt, daß Gedächtnisdefekte, Erinnerungstäuschungen auf eine viel schwierigere Art korrigierbar sind als Wahrnehmungsdefekte. Auch wo nichts für Verdrängung spricht, ist die Erinnerung höchst selektiv, und wo sie das nicht zu sein vermag, eine nicht weniger pathologische Belastung als das verdrängte und in konvertierten Symptomen sich Bahn schaffende traumatische Erlebnis.[214]

Rilke lässt seinen Protagonisten diese Erinnerungsarbeit mit all den ihr innewohnenden Traumatisierungen weiterhin leisten. Der Schauplatz seiner Kindheitsängste kehrt nun in gesteigerter Form zurück:

> Die Angst, daß ein kleiner Wollfaden, der aus dem Saum der Decke heraussteht, hart sei, hart und scharf wie eine stählerne Nadel; die Angst, daß dieser kleine

---

213 Rilke: *Briefe 1902-1906*, S. 51.
214 Hans Blumenberg: *Beschreibung des Menschen*. Aus dem Nachlaß hg. v. Manfred Sommer. Frankfurt am Main 2006, S. 657.

Knopf meines Nachthemdes größer sei als mein Kopf, groß und schwer; die Angst, daß dieses Krümchen Brot, das jetzt von meinem Bett fällt, gläsern und zerschlagen unten ankommen würde, und die drückende Sorge, daß damit eigentlich alles zerbrochen sei, alles für immer [...], die Angst, daß ich mich verraten könnte und alles das sagen, wovor ich mich fürchte, und die Angst, daß ich nichts sagen könnte, weil alles unsagbar ist, - und die anderen Ängste ... die Ängste. (MB 767)

Die Ausdrucksformen der Angst expandieren wie bei der Mutter zu einer weltfremden Verdinglichung; sie werden festgemacht an einer gespaltenen Ding-Existenz zwischen subjektiv wahrgenommener Realität und bizarrer Repräsentation: „Die freigelegte kindliche Welt stellt einen Erinnerungsraum dar, der dem sich Erinnernden durch individuelle Besonderheiten vertraut ist. Es ist ein abgegrenzter Raum."[215]

In diesem durch die mütterliche Vorgabe abgegrenzten Raum der Verdinglichung wird der Protagonist mit bodenlosen Abgründigkeiten und seelischen Untiefen konfrontiert. Diese Angst – übertragen in die Vielschichtigkeit räumlicher Konzeptionen – wird ihn weiterhin begleiten; immer ist etwas da, „das mich nahm wie Papier, mich zusammenknüllte und fortwarf, es war etwas Unerhörtes da." (MB 768) Dieses Unerhörte durchzieht den Text als Manifestation in Furcht und Angst, welche auf einem wirksamen Nichts gründen, wie Søren Kierkegaard es erfasst:

Das Nichts der Angst ist [...] ein Komplex von Ahnungen, die sich in sich selbst reflektiert, dem Individuum näher und näher rücken, obgleich sie, wesentlich gesehen, in der Angst wiederum Nichts bedeuten; doch das ist wohlgemerkt kein Nichts, mit dem das Individuum nichts zu tun hätte, sondern ein Nichts, das lebendig mit der Unwissenheit der Unschuld kommuniziert.[216]

Brigge nimmt die Angst als Schwindel vor der Freiheit des tätigen Handels wahr: „Die Angst indiziert eine Freiheit, die sich noch keine inhaltliche Bestimmung gegeben hat."[217] Dieser Begriff der Angst – verursacht durch Brigges Wahrnehmung, Erinnerung, existentielle Analyse des Hier und Jetzt verbunden mit dem gleichzeitigen Wunsch, all diesem in räumlich Fassbarem zu entrinnen – kann als eine Grundstimmung aufgefasst werden,

die sich ergeben muß, wenn der Mensch anhebt zu denken, doch zugleich seine Unwissenheit erkennt, wenn er sich vergeblich bemüht, nicht mehr zu denken, und zugleich wieder die Möglichkeit wissen zu können, in ihm rege wird. Der

---

215 Michael Opitz: Ähnlichkeit. In: *Benjamins Begriffe*. 1. Bd. Hg. v. Michael Opitz u. Erdmut Wizisla. Frankfurt am Main 2000, S. 15-49, hier: S. 43.
216 Kierkegaard 1844, S. 73.
217 Liessmann 1993, S. 93.

Mensch kommt damit sich selbst zum Bewußtsein, nicht in Worten oder Begriffen, sondern in Empfindungen.[218]

Brigges Optik auf Paris ist immer durch diesen oszillierenden Seelenzustand bestimmt. Mit seinen Beobachtungen, die er an konkreten Orten der Stadt anstellt, provoziert er bestimmte Bewusstseinszustände, die ihn immer wieder in die Vergangenheit führen. Brigge ist ein Grenzgänger im städtischen Terrain:

> Den Flanierenden leitet die Straße in eine entschwundene Zeit. Ihm ist jede abschüssig. Sie führt hinab, wenn nicht zu den Müttern, so doch in eine Vergangenheit, die um so bannender sein kann als sie nicht seine eigene, private ist. Dennoch bleibt sie immer Zeit einer Kindheit. Warum aber die seines gelebten Lebens? Im Asphalt, über den er hingeht, wecken seine Schritte eine erstaunliche Resonanz.[219]

Rilke gewährt durch das Erleben seines Protagonisten – in der literarischen Umsetzung markiert durch Einschnitte, Sprünge, Wiederholungen, Verknüpfungen – den Blick auf ein Panorama eines seelischen und gedanklichen Prozesses; Menschen, Dinge, Räume, Sachverhalte werden in Zusammenhang mit dem individuellen Erleben gebracht,[220] ohne dass es zu einer überindividuellen Erkenntnis kommt. Die romantisch-inspirierte produktive Einbildungskraft wird zur Verfallsform und in der Konfrontation mit der Moderne bei Brigge zu einem skeptisch aufbewahrten Randphänomen:

> Die künstlerische Phantasie weist aber in ihren Äußerungen gewisse *Eigentümlichkeiten* auf. [...]. Die Association beschränkt sich auf die Vorgänge des Bewußtseins, auf die Vorstellungen. [...] Die Association ist die temporär erworbene Verbindung verschiedener Funktion miteinander [...]. Allein die Verbindung der Organe, welche eine solche Wechselwirkung ermöglicht, entsteht nicht erst durch das individuelle Leben, sondern sie ist dem Organismus schon als ererbter Besitz wenigstens größtenteils auf dem Lebensweg mitgegeben. Hiermit ist schon ein Bestand von Wechselwirkung gegeben [...], welcher Bestand im Laufe der organischen Entwicklung (Pubertät) noch weiter sich vermehrt, und der durch die temporären Erwerbungen des individuellen Lebens zur modifiziert werden kann.[221]

---

218 Friedrich F. Brezina: *Entweder* Existenz – *oder* Profit. Versuch der Transpansion Kierkegaard'scher Existenzphilosophie im Hinblick auf eine Globalphilosophie. Vortrag gehalten beim Søren Kierkegaard Symposium der Universität Wien. Wien 2002, S. 13. [Unveröffentlichtes Typoskript]
219 Benjamin 1991, S. 524.
220 Vgl. Volker Klotz: *Die erzählte Stadt. Ein Sujet als Herausforderung des Romans von Lesage bis Döblin.* München 1969, S. 18f.
221 Mach 1905, S. 157.

Dieses Zitat soll auf Hans Blumenbergs kritischer Auseinandersetzung mit diesen philosophischen Ansätzen verweisen, die den Menschen der Moderne mit ihren Erklärungsmodellen zwischen *Trostbedürfnis* und *Untröstlichkeit* letztlich allein lassen. Die physische und psychische Determination steht dem Realitätsprinzip entgegen; sie zur Erklärung einer realen Erfahrung zu nutzen, bedeutet ein

> ständiges Beharren in der Illusionssphäre. Der Zweifel am eigenen Seinsgrund entsteht aus der frühen Erfahrung, nicht ausschließlich gewollt und nicht das beherrschende Zentrum der Mutter wie der Geneigtheit der gesamten Umwelt zu sein. Der Prozeß des Heranwachsens ist ein Auftauchen aus der Irrealität. Sie war als vollkommene und glückliche Realitätsfremdheit zugleich immer Mangel an Bewußtsein. Darin wurzelt das ständige Bedürfnis, Vermeidung von Bewußtsein zu wiederholen, wieder einzutauchen in die Nicht-Anerkennung der Realitäten.[222]

Rilke überträgt die Wechselwirkung zwischen Figur und Metropole nicht nur als Instrument einer Selbst- und Stadterfahrung, sondern als verstörende Raum- und Bewegungssuche eines Individuums, das sich im Selbst nicht finden kann:

> Die Weise, wie der aufmerksame Körper und der aufmerksame Geist die Empfindung verarbeiten, entscheidet nicht nur über das Wesen der Wahrnehmung, die man hat, sondern auch über den Grad von Freiheit der eigenen Existenz.[223]

Die Freiheit in der Selbstbestimmung wird von Brigge als gefährdend wahrgenommen; die aufgezeigten philosophischen Ansprüche der Moderne – im Textgewebe zweifellos eingeflochten – kann er ebenso wenig umsetzen wie jene der großräumigen Metropole. Der architektonische Raum Paris würde der Erkenntnis jeglichen Freiraum lassen, erweckt in der literarischen Umsetzung aus der Perspektive Brigges jedoch den Eindruck des Amorphen und Destruktiven. Auch die Figuren, auf die er trifft bzw. die er selektiv wahrnimmt, sind gezeichnet von Morbidität. In der Hoffnung, durch sie die Wirklichkeit begreifen zu können, muss Brigge scheitern:

> Wer aber zum Schluß seiner Untersuchung im Hintergrunde doch wieder ein beobachtendes und handelndes Subjekt braucht, der bemerkt nicht, daß er sich die ganze Mühe der Untersuchung hätte ersparen können, denn er ist beim Ausgangspunkt derselben wieder angelangt.[224]

---

222 Blumenberg 2006, S. 641.
223 Jonathan Crary: *Aufmerksamkeit. Wahrnehmung und moderne Kultur.* (*Suspension of Perception. Attention, Spectacle and Modern Culture.* 1999). Übers. v. Heinz Jatho. Frankfurt am Main 2002, S. 253.
224 Mach 1905, S. 12.

Die erschreckende Wahrnehmung einer alten Frau in den Straßen von Paris erscheint wie ein Gegenbild zur Mutter; der Autor benutzt gleichsam Mikroskop (zur Erfassung der Gegenwart) und Fernglas (das auf Vergangenes verweist) in einem:

> Was in aller Welt wollte diese Alte von mir, die, mit einer Nachttischschublade, in der einige Knöpfe und Nadeln herumrollten, aus irgendeinem Loch herausgekrochen war? [...] Als ob sie versuchte, mich zu erkennen mit ihren Triefaugen, die aussahen, als hätte ihr ein Kranker grünen Schleim in die blutigen Lider gespuckt. (MB 743f.)

Wie ein Echo aus der Vergangenheit klingt der Blick auf vertraute Dinge wie Schubladen, Knöpfe und Nadeln an, nun jedoch in Verbindung mit Entwurzelung, Armut und Furcht. Die gesteigerte Wahrnehmung des Protagonisten reagiert mit Projizierung; die Übertragung dieses Bildes „entfaltet, sofern es nicht einem vorgefassten Sinnhorizont integriert wird, eine Eigendynamik."[225] In der Architektur der Stadt und in den Begegnungen mit den Ausgestoßenen der Gesellschaft findet Brigge keinen Kreuzungspunkt, das eigene Selbst durchzusetzen. Skurrile, angstbeladene Phantasmen bestimmen sein Dasein:

> Es ist möglich, daß es ihnen eines Tages einfällt, bis in meine Stube zu kommen, sie wissen bestimmt, wo ich wohne, und sie werden es schon einrichten, daß der Concierge sie nicht aufhält. Aber hier, meine Lieben, hier bin ich sicher vor euch. (MB 744)

Der Protagonist ist am Ende des Tages um alle Sicherheit gebracht. Er erlebt die Topographie der Stadt, auf der materiellen wie geistigen Ebene, als verstörendes Labyrinth. Hier ist die Benjaminsche *Dialektik der flanerie* des Stadterlebens poetisch auf den Punkt gebracht; Brigge ist „einerseits der Mann, der sich von allem und allen angesehen fühlt, der Verdächtige schlechthin, andererseits der völlig Unauffindbare, Geborgene."[226] Sein Zimmer soll als Rückzugsort mit gleichzeitiger Ab- und Begrenzung des Subjekt-Objekt-Dualismus fungieren. Die unüberbrückbare Fremdheit anderer Menschen gegenüber – sicher auch als vitale Intention zu sehen, nicht einer von ihnen zu werden – werden von Rilke als innerem Entwicklungsprozess Brigges genauestens protokolliert:

> Aber seitdem habe ich mich fürchten gelernt mit der wirklichen Furcht, die nur zunimmt, wenn die Kraft zunimmt, die sie erzeugt. Wir haben keine Vorstellung von dieser Kraft, außer in unserer Furcht. Denn so ganz unbegreiflich ist sie, so völlig gegen uns, daß unser Gehirn sich zersetzt an der Stelle, wo wir uns anstren-

---

225 Martina Wagner-Egelhaaf: *Mystik der Moderne. Die visionäre Ästhetik der deutschen Literatur im 20. Jahrhundert*. Stuttgart 1989, S. 96.
226 Benjamin 1991, S. 529.

gen, sie zu denken. Und dennoch, seit einer Weile glaube ich, daß es unsere Kraft ist, alle unsere Kraft, die noch zu stark ist für uns. (MB 862)

Im irrationalen Kosmos der Angst kann Brigge die Erfahrungen von Vergangenheit und Gegenwart in der Ich-Setzung nicht abstrahieren; in beidem vereinen sich Möglichkeiten:

> Das Mögliche entspricht vollkommen dem Zukünftigen. Das Mögliche ist für die Freiheit das Zukünftige, und das Zukünftige für die Zeit das Mögliche. Beiden entspricht im individuellen Leben Angst. Im genauen und korrekten Sprachgebrauch sind daher Angst und Zukünftiges miteinander verknüpft.[227]

Das Bewältigen des Vergangenen wäre, wenn überhaupt, nur in der Gegenwart möglich. In dem Moment der Gegenwart und der augenblicklichen Erkenntnis, in der Freiheit des immer wiederkehrenden Weiterdenkens, sind die geistigen Kontroversen erfahrbar als Augenblick und Ausblick,

> als Zwischenspanne im menschlichen Dasein [...], die notwendig ist, um eine Distanz zur bestehenden Zeit zu finden und Freiheit zu realisieren. Realisierung von Möglichkeit bleibt eine Aufgabe, die immer auf die Zukunft gerichtet ist. [...] Der Preis für diese Chance aber ist Angst.[228]

Brigge unterliegt in der Metropole Metamorphosen, die sich in ereignenden, erlebten Momenten und einer abgelegten Vergangenheit bündeln:

> Der Augenblick drückt in Bezug auf die Geschichte den Sprung, die qualitative Veränderung aus. Aber er ist zweideutig: zu schnell vorbei, um Sicherheit und Ruhe zu gewinnen, ja zu kurz, um sich in Worte fassen zu lassen, seine Sprache ist der Blick.[229]

Der Wahrnehmungsakt Brigges wird zum zentralen Gegenstand der literarischen Auseinandersetzung. Der romantische Grundgedanke vom Kosmos der Einheit aller Dinge ist in der Moderne zerstört. Die Epiphanie des Augenblicks kann nicht mehr romantisch aufgelöst werden. Die subjektive Wahrnehmung des Einzelnen formt zwar wie in der Freiheit der romantischen Imagination die Bilder des Außen; die äußere Wahrnehmung unterliegt noch innerer Umformung, doch die Großstadt-Erfahrung stellt sich dem widerstrebend und relativierend entgegen.

Die realen Räume von Paris verblassen in zunehmendem Maß vor der wachsenden Prävalenz imaginierter, verinnerlichter Räume, welche ihrerseits zur Verräumlichung der Psyche Brigges führen. Immer wieder erzeugen die Bil-

---

227 Kierkegaard 1844, S. 102f.
228 Eichler 1990, S. 226.
229 Eichler 1990, S. 226.

der der Kindheit, in denen er Trost und Zuversicht sucht, neue Formationen. Die Gegenstände und Räume der Kindheit wirken anfangs zeitlos, in der Umsetzung in die Gegenwart klingen die Spuren der Vergangenheit lediglich noch nach; nun aber entwickeln sie eine Eigendynamik. Die Leidenschaft, sich eine klare Sicht auf die Kindheitsereignisse, die hinter verschlossenen Zimmern, Spiegeln, Büchern, Gemälden und Brandruinen gefangen liegen, zu verschaffen, verschärft seine Wahrnehmung und stößt ihn gleichzeitig zurück in die ursprüngliche Einsamkeit.

> [E]s hilft nichts, ich muß, obwohl schon Feindschaft gesetzt ist zwischen meine Dinge und sie einander den Kopf zertreten und eines des anderen Ferse nachstellt, doch schreiben.[230]

3.4 Die Topographie der Seele - Visualisierte Schutzräume und überlagernde Sinnebenen

Schon als Kind ist für Brigge die Einsamkeit eine existentielle Notwendigkeit: „Ich sprach mit niemandem, denn es war meine Freude, einsam zu sein." (MB 734) Das Einsamkeitserlebnis wurde in der Romantik zu einer Grundbedingung für die stilisierte Isolation der Künstlerexistenz. Der Protagonist erschafft sich *selbstbestimmt* Welten der Phantasie; die Schwelle der Realität kann zugunsten der Phantasie übersprungen werden. In der Moderne erodiert diese Freiheit tendenziell durch Sinnlosigkeit und Leere, freudlose und deprimierende Einsamkeit, die durch die Erfahrungen mit der Umwelt in den Heteropien der Großstadt nicht kompensiert werden können. Sie lassen Brigge wie schon so oft auf erinnerte Sequenzen der Kindheit zurückgreifen und in der Imagination eine Wunschwelt entwickeln, die jedoch auch immer wieder von der Wirklichkeit eingeholt wird:

> O was für ein glückliches Schicksal, in der stillen Stube eines ererbten Hauses zu sitzen unter lauter ruhigen, seßhaften Dingen [...]. Zu sitzen und auf einen warmen Streifen Nachmittagssonne zu sehen [...] und ein Dichter zu sein. Und zu denken, daß ich auch so ein Dichter geworden wäre, wenn ich irgendwo hätte wohnen dürfen, irgendwo auf der Welt, in einem von den vielen verschlossenen Landhäusern, um die sich niemand bekümmert. Ich hätte ein einziges Zimmer gebraucht (das lichte Zimmer im Giebel). Da hätte ich drinnen gelebt mit meinen alten Dingen, den Familienbildern, den Büchern. Und einen Lehnstuhl hätte ich gehabt. [...] Aber es ist anders gekommen. [...] Meine alten Möbel faulen in einer Scheune [...], ich habe kein Dach über mir, und es regnet mir in die Augen. (MB 746f.)

Im Rückgriff auf das verinnerlichte Mutterbild wird die Ohnmacht der Phantasmen und die gleichzeitige Ermächtigung des Selbst über die Dinge reflektiert. Die Dualität von Offenheit und Undurchsichtigkeit – im abgegrenzten Raum der Familie akzeptiert – wird in der Opposition von innerem und äußerem Erleben in der Metropole und ihren Ansprüchen an das Sein zunehmend labiler. Die *vitale Autonomie* des Protagonisten erlebt in der Mutterbindung eine Beschränkung; das

---

230 Rilke: *Briefe 1907-1914*, S. 7.

Maß an Autonomie, das ein Individuum besitzt, verhält sich proportional zur Nicht-Determiniertheit und Ungenauigkeit, mit der das Gedächtnis sich mit der Wahrnehmung überschneidet. Je *determinierter*, [...] je habitueller und repetitiver meine perzeptuelle Reaktion auf meine Umgebung ist, desto weniger Autonomie und Freiheit besitzt meine individuelle Existenz.[231]

In den Räumen der gemieteten Zimmer wird individueller Halt gesucht, doch dieser erweist sich als nicht standhaft. Erinnerte Assoziationen geraten zu imaginierten Raumschichten, die sich verselbständigen, Gedächtnis und Wahrnehmung durchdringen einander in dieser existentiellen Unbehaustheit. Die narrative Inszenierung zersplittert in der Wahrnehmung; glückvolle Momente der Kindheit – in der Erinnerung zu einer ruhevollen verwunschenen Traumwelt stilisiert – zerbrechen am Austragungsort der Gegenwart.

In der Erinnerung an die Mutter sind beruhigende Alltagsmomente entstanden, sie sind der Orientierungspunkt des Romans. Durch sie hat das Kind bereits die Verdinglichung der Welt erfahren, dieses „ganze vorausgehende Empfindungsleben, soweit es in der Erinnerung aufbewahrt ist, wirkt nun bei jedem neuen Empfindungserlebnis mit."[232] Die Mutter hat trotz aller Ambivalenz Aura, Wärme und eine selbstbestimmte wie auch phantastische Haltung vermittelt und Brigge in die Geheimnisse der individuell-gestalteten Sicht auf die Welt und die Dinge eingeführt:

> O Nacht ohne Gegenstände. O stumpfes Fenster hinaus, so sorgsam verschlossene Türen; Einrichtungen von alters her, übernommen, beglaubigt, nie ganz verstanden. O Stille im Stiegenhaus, Stille aus den Nebenzimmern, Stille hoch oben an der Decke. O Mutter; o du Einzige, die alle diese Stille verstellt hat, einst in der Kindheit. Die sie auf sich nimmt, sagt: erschrick nicht, ich bin es. (MB 777f.)[233]

Die Mutter hat als Schutzschild in dem Zwischenreich von kindlicher Phantasie und realistischer Einschätzung gedient. Sie hat Brigge Weltenräume eröffnet, die neugierig gemacht und die Verheißung für ein künftiges künstlerisches Dasein enthalten haben. Bernd Witte hält in der Analyse von Walter Benjamins literarischem Werk fest:

---

231 Crary 2002, S. 253.
232 Mach 1905, S. 21.
233 Dieses Motiv wird später auch auf die Mutter eines Nachbarn übertragen: „Lieber Gott, dachte ich, seine Mutter ist da. [...] Ach, daß es das gab. So ein Wesen, vor dem die Türen ganz anders nachgeben als vor uns. Ja, nun konnten wir schlafen." (MB 875) Der Protagonist Jacobsens, Niels Lyhne, erkennt im Gegensatz zu Brigge, daß „die Tür nach rückwärts zu dem, was gewesen, [...] verschlossen [war], und er stand draußen mit leeren Händen und einsam; was er wollte und ersehnte, mußte er sich selbst erringen, neue Freude und neues Behagen, neue Liebe und neue Erinnerungen." (NL 88)

Die magische Weltsicht, die das Kind distanzlos mit seiner animistisch belebten Umwelt verschmelzen läßt, wird durch die Selbstaffirmation [...] überwunden. Diese früheste noch unartikulierte Äußerung des Ich gilt dem Erinnernden als allegorisches Versprechen der Selbstbefreiung aus dem bewußtlosen Verfallensein an eine schlechte Welt, die er im Schreiben findet. So wird im dialektischen Bild das Kind als Schriftsteller konstruiert, vergewissert sich der Schriftsteller des Ursprungs seines eigenen Tuns in der Kindheit.[234]

Ähnliches gilt für den Protagonisten Rilkes. Brigge findet in der Symbolik und im erinnerten Detail seiner Vergangenheit romantisch-verklärt wirkende Räume und Geschichten, als würde er ahnen, dass

> seine Ausnahmestellung nur der Ausdruck ist für die Begrenztheit seiner Individualität. Denn wohl entwickelt sich der Mensch mit Freiheit, aber er schafft sich doch nicht aus nichts, sondern hat seine Aufgabe in seiner Konkretion, die zugleich das Gebiet und die Grenze seines Lebens ist.[235]

Die Undurchsichtigkeit der Erfahrungen in der Stadt hat seine innere Nervosität gesteigert. Die durch die Mutter erfahrene Sensibilisierung macht die unfassbaren Hintergründe der Metropole sichtbar, die wiederum seine Leidensfähigkeit steigern:

> Daß die Versteinerungen und Verdinglichungen der Personen, wie umgekehrt die Verlebendigungen der Gebäude sich durchweg unheimlich und absonderlich ausnehmen, ergibt sich aus dem Raum, in dem sie stattfinden und aus der Handlung, der sie entwachsen.[236]

Linderung verschafft die gedanklich-idealisierte Nähe zur Mutter, die sich bezeichnenderweise nicht in physisch-psychischer Gestalt zeigt; räumliche Dimensionen und ihre Interieurs des Gutshauses der Kindheits- und Jugendtage bestimmen die Kraft der erinnerten mütterlichen Zuwendung:

> Du aber kommst und hältst das Ungeheure hinter dir und bist ganz gar vor ihm; nicht wie ein Vorhang, den es da oder da aufschlagen kann. [...] Als wärest du weit allem zuvorgekommen, was kommen kann. (MB 778)

Im selbstgezimmerten Dasein gerät die Architektur seines Selbst jedoch ins Wanken. Allein in seinem Zimmer ist er ein Individuum, das an seiner Existenz

---

234 Bernd Witte: Paris – Berlin – Paris. Zum Zusammenhang von individueller, literarischer und gesellschaftlicher Erfahrung in Walter Benjamins Spätwerk. In: *Passagen. Walter Benjamins Urgeschichte des neunzehnten Jahrhunderts*. München 1984, S. 17-26, hier: S. 19.
235 Sören Kierkegaard: *Entweder – Oder (Enten – Eller.* 1843). Übers. v. Christoph Schrempf. Leipzig 1939, S. 450.
236 Klotz 1969, S. 111.

krankt. Die von ihm nun bewohnten Zimmer sollen nicht mehr zur Erschließung der Vergangenheit, sondern ebenso zur Erklärung der Gegenwart dienen. Jeder von ihm bewohnte Raum stellt sich in den Dienst der Imagination:

> Das war immer in einem von diesen zufälligen Zimmern, die mich sofort im Stich ließen, wenn es mir schlecht ging, als fürchteten sie, verhört und in meine argen Sachen verwickelt zu werden. Da saß ich, und wahrscheinlich sah ich so schrecklich aus, daß nichts den Mut hatte, sich zu mir bekennen. Nicht einmal das Licht, dem ich doch eben den Dienst erwiesen hatte, es anzuzünden, wollte von mir wissen. Es brannte so vor sich hin, wie in einem leeren Zimmer. (MB 861)[237]

In seiner kleinen Stube erfährt Brigge intellektuelle Neugierde, eine gesteigerte Bereitschaft zur Wahrnehmung und den Mut zur Auseinandersetzung mit den ihn umgebenden Dingen. Schärfung und Stärkung der Tagessinne haben jedoch keinen Bestand. Die Wahrnehmungsphänomene Brigges changieren weiterhin; seine Unabhängigkeitsbestrebungen legen seine Hoffnungen und Ängste unbarmherzig offen.

Ohne familiären, materiellen, kulturellen Rückhalt fehlen ihm die Voraussetzungen zu einer ex-klusiven Distanzierung und Abgrenzung, die für eine geglückte Existenz notwendig sind.[238] Er wird durch die Absurditäten einer eingebildeten Welt eingeholt; die Nachtseite der Vernunft kann sich für ihn so in einem Ofen manifestieren; vordergründig ist es mit der Furcht vorbei: „ich habe es überstanden. Ich sitze in meinem Zimmer bei der Lampe; es ist ein wenig kalt, denn ich wage es nicht, den Ofen zu versuchen; was, wenn er rauchte und ich müßte wieder hinaus?" (MB 753)

Der Rezipient kann die Auseinandersetzung zwischen Subjekt und Objekt im inneren Erleben Brigges durch die eigenwillige Blickrichtung auf die Dinge nachvollziehen. Die Dinge bekommen für ihn durch das übersteigerte Wahrnehmen ein sowohl bodenloses wie bedrohliches Eigenleben. Der Zwischenraum von Subjekt und Objekt wird aufgehoben, der Protagonist kann in der beklemmenden Engführung kein Gleichgewicht mehr finden. Er verlässt nochmals den Schutzraum seines Zimmers:

---

237 Auch Søren Kierkegaard hat Ähnliches erfahren: „Wenn man so einsam lebt wie ich, so ist man desto mehr auf sein Heim angewiesen, und da es gut zu haben. Und wie ist nun mein Heim! Bei dem Gerber litt ich vorigen Sommer unsäglich unter dem Gestank. Ich durfte nicht riskieren, dort noch einen Sommer zu bleiben, und das Ganze war mir auch zu teuer. Wo ich jetzt wohne, leide ich so stark unter den Sonnenreflexionen am Nachmittag, daß ich zuerst Angst hatte, blind zu werden." Kierkegaard: *Tagebücher 1834-1855*, S. 446.
238 Vgl. dazu: Manfred Engel: „Weder Seiende noch Schauspieler." Zum Subjektentwurf in Rilkes „Malte Laurids Brigge". In: *Rilke heute. Der Ort des Dichters in der Moderne.* Redaktion: Vera Hauschild. Frankfurt am Main 1997, S. 181-200, hier: S. 182

> Es ist gut, es laut zu sagen: Es ist nichts geschehen.[239] [...] Daß mein Ofen wieder
> einmal geraucht hat und ich ausgehen mußte, das ist doch wirklich kein Unglück.
> Daß ich mich matt und erkältet fühle, hat nichts zu bedeuten. Daß ich den ganzen
> Tag in den Gassen umhergelaufen bin, ist meine eigene Schuld. (MB 747)

Das rastlose Unterwegssein in Paris fördert die Erkenntnis: „Ich war etwas erschöpft nach alledem, man kann wohl sagen angegriffen, und darum war es zuviel für mich [...]; ich war hungrig, ich war den ganzen Tag nicht dazugekommen zu essen. [E]s trieb mich wieder hinaus in die Straßen." (MB 751)

Er empfindet nun wie der Flaneur bei Walter Benjamin: „Dann kommt der Hunger. Er will nichts von den hundert Möglichkeiten, ihn zu stillen, wissen. Wie ein asketisches Tier streicht er durch unbekannte Viertel, bis er in tiefster Erschöpfung auf seinem Zimmer, das ihn befremdet, kalt zu sich einläßt, zusammensinkt."[240] Brigge begibt sich in dem Zimmer in Paris mit dem sezierenden Blick auf die ihn umgebenden Dinge wiederum auf eine Identitätssuche:

> Zuerst war es mir wirklich schwer, den Kopf in diesen Lehnstuhl zu legen; es ist
> da nämlich eine gewisse schmierig-grüne Mulde in seinem grünen Bezug, in die
> alle Köpfe zu passen scheinen. Längere Zeit gebrauchte ich die Vorsicht, ein Taschentuch unter meine Haare zu legen, aber jetzt bin ich zu müde dazu. (MB 753)

In seinem Zimmer nimmt Brigge in der Wiedergewinnung des mütterlich-inspirierten kindlichen Blicks eine melancholische Beziehung zu den ihn umgebenden Objekten auf. Auch in Brigges Dasein in seinem Zimmer fließen übergangslos Erinnerungen als ein erinnertes Sehen ein:

> Der Raum des 19. Jahrhunderts, ist in dieser Sicht immer auch gelebter Raum von
> Generationen, zumal jener, aus der der Flanierende kommt; ist zwiespältig, elegisch hingerissen und spielerisch zerstörend in einem. Es sind die Dinge aus der
> Umwelt seiner Kinderzeit, Stimmungen aus gelebten Räumen [...] – doch so, daß
> die Bildkräfte [...], die die Kindheit an die Dingwelt gekettet haben, sich in ihr
> zersetzen.[241]

Er entdeckt an dem abgewohnten Mobiliar eine vielstimmige Überlagerung der Sinnebenen, eine Entrückung des Gegenständlichen als eine Symbiose zwischen Diesseits und Jenseitigem, die

---

239 Hier erfährt Brigge ganz im Kierkegaardschen Sinne die Erleichterung: „Ist die Angst dann vorüber, so atmet der Mensch auf und sagt sich: Es war im Grunde ja gar nichts. Genau bei dieser Feststellung setzt die Existenzphilosophie ein und nimmt sie ganz wörtlich. Es war in der Tat nichts; aber, so betont die Existenzphilosophie, dies ist kein Grund gegen die Angst, sondern bezeichnet sie gerade in ihrem tiefsten Wesen. Es ist das Nichts als Solches, das in ihr aufbricht, und dieses ist keineswegs etwas Bedeutungsloses, sondern ein höchst positives Phänomen." Heftrich 1962, S. 61.
240 Benjamin 1991, S. 525.
241 Brüggemann 2000, S. 586.

> analog zu seiner eignen Struktur sich selbst fremd geworden und durch die stete Möglichkeit des Selbstverlustes mit sich prekär identisch sind – also zu den verlassenen und trostlosen Dingen, die [...] aus dem Gebrauch, aus der Vermittlung gekommen sind. Gerade kraft ihrer objektiven [...] bedingten Sinn- und Trostlosigkeit vermögen solche Dinge dem melancholischen Ich hervorragende Sinn- und Trosterfahrungen vermitteln. Die ambivalente Schmerzlust, die das Ich im Prozeß gegen sich selbst entwickelt, erfährt hier [...] eine überraschende Zustimmung des Objekts, das ebenfalls [...] in einen Prozeß gegen sich selbst verwickelt wurde.[242]

Brigge hat versucht, als Einzelner eine geglückte Existenz zu finden. Geblieben sind visionäre Bilder, die vor dem eigenen Körper nicht halt machen und ihn zur Gänze durchdringen: „Geräusche – Geschmack – Gesicht – Klang – Geruch – Berührung, [es] jagen und mischen sich die verschiedensten Sinneseindrücke, einer den anderen übertrumpfend und alle in ständiger Bewegung."[243]

Die Opposition von Erlebnis- und Aktionsraum der Metropole wird nun aufgegeben zugunsten eines begrenzten Wahrnehmungsraumes. In dieser Zurücknahme öffnen sich jedoch neue Räume visueller und existentialistischer Wahrnehmung. Brigge muss feststellen, dass er keine Grenze zwischen sich und den Dingen ziehen kann. Er hat durch

> lebenslängliche Übung gelernt, schnell die Stärke des Eindrucks zu bemerken, und die Entfernung darnach zu beurteilen. Es ist ein schon ehemals durch Arbeit Zusammengesetztes aus Empfindung und Anschauung, und ehemaligem Urteil, – von welchem meine gegenwärtige Vorstellung ausgeht; welcher letzern allein ich mir bewußt werde. Ich fasse nicht mehr überhaupt das Rot, Grün und dergleichen außer mir, sondern ein Rot oder Grün, von dieser, und dieser, und dieser Entfernung auf; dieser letzte Zusatz aber ist bloße Erneuerung eines schon ehemals durch Überlegung zu Stande gebrachten Urteils.[244]

Die Initiative zum Erkennen des Subjekts, das auf der Suche nach einem neuen Sein ist, kann diese zwar auch von außen erhalten.[245] Brigge, der seine Existenz als die eines Einsamen definiert hat und sein insulares Dasein in der bestürzenden Metropole zunehmend abgrenzt, wird seinen Lebensweg weiterhin allein gehen. Die lastende Präsenz kindlicher Erfahrung verliert sich im Spiegel seiner Erinnerung in ephemere Augenblicke romantischer Unberührtheit. Nun steht eine wachsende Faszination den Dingen gegenüber im Vordergrund seiner Erkundungen:

---

242 Dietmar Voss: Die Rückseite der Flanerie. In: *Die Unwirklichkeit der Städte. Großstadtdarstellungen zwischen Moderne und Postmoderne.* Hg. v. Klaus R. Scherpe. Reinbek bei Hamburg 1988, S. 37-60, hier: S. 45.
243 Klotz 1969, S. 350.
244 Fichte 1800, S. 87f.
245 Vgl. Wagner-Egelhaaf 1989, S. 96.

> Die Eigenschaft des Dinges stammt aus der Empfindung meines eignen Zustandes; der Raum, den es erfüllt, aus der Anschauung. Durch Denken wird beides verknüpft [...]. Es ist allerdings so [...], daß es in den Raum gesetzt wird, wird mir Eigenschaft des Dinges, was eigentlich nur mein Zustand ist; aber es wird in dem Raum gesetzt nicht durch Anschauen, sondern durch Denken, durch messendes und ordnendes Denken.[246]

Diese Ordnung füllt Rilke mit der Erfahrung der Moderne: „es genügt nicht, Epiphanien zu erkennen, sie *zu haben*, sondern es muß eine Möglichkeit geben, sie sprachlich zu zeigen, mit Worten also, die man aus der gewohnten Sprache der Kontinuität nimmt, die neu aufgeladen werden."[247]

Unter diesem Blickwinkel wird die romantische Phantasie verschärft dargestellt und weitergeführt in eine hellsichtig-phantasiereiche Verräumlichung existentialistischer Selbstsuche. Rilke führt in fokussierender Form die Selbstsuche des Individuums von der Provinz über die Metropole bis in die privaten Räumlichkeiten und schließlich in die Innenräume als imaginäres Exil. Und in all diesen Verortungen ist am Ende immer alles möglich.

---

246 Fichte 1800, S. 88f.
247 Höllerer 1961, S. 127.

> Es kommt einmal ein Augenblick, wo es eigentlich gilt, endlich mit dem Leben zu beginnen. Dann ist es aber eine sehr gefährliche Sache, wenn man sich so zersplittert hat, daß man sich kaum mehr sammeln kann.[248]

4. Verräumlichung der Seele - Aufgehen in imaginären Räumen

Der nun folgende Rückzug Brigges ist radikal und von irrwitzigen Überlegungen, Vorstellungen und Einbildungen begleitet. In seinem Bemühen, falsche Sicherheiten aufzugeben, konzentriert sich Brigge auf für ihn ebenso Un-Greifbares wie seine Nachbarn und die Dinge, die sich vermeintlich in deren Räumen befinden. Seine körperlich-geistige Dünnhäutigkeit macht ihn immer empfänglicher für sinnliche Empfindungen und psychische Übertragungen. Er ist auch hier zunächst einer Objektwelt ausgesetzt „und dann, im Sinne der figuralen Umkehrung [dem], was sie im Inneren auslöst."[249] Brigge geht in der Isolation des Großstadtzimmers

> durch die Irrwege der einbildenden Wahrnehmung [...]; er wird [...] von Stimmen und Geräuschen aus den Nebenzimmern angegriffen, die denn auch eher seine eigenen, inneren, [...] vom konventionellen Bewußtsein nicht gebändigten oder von ihm befreiten Triebe, Ängste, Wünsche sind. [...] Wenn die Wahrnehmung diesmal nicht vom Sehen, sondern vom wesentlich unbestimmteren Hören ausgeht, so soll dadurch die ergänzende Arbeit der Einbildung noch evidenter werden, der die innere Fortarbeit der Sinne zu einer je vorläufigen Ganzheit ergänzen, was ihr als völlig unbestimmtes Wirklichkeitspartikelchen von außen eingetragen wird.[250]

In der Distanz zur Welt wird sein Zimmer in seiner Isolation zu einer Enklave der Widersprüchlichkeit. Das Archiv der Erinnerung mit allen Sehnsüchten und Ängsten kann noch nicht geschlossen werden. Als Anhaltspunkt für die eigene Identität dienen die fremden Spuren, das Hineindenken in Andere und Anderes in den eigenen Wänden. Brigge findet keine feste Position, sein Ich wird zum Schauplatz relativer Bestimmungsgrößen.[251]

Es ist die Kunst Rilkes, den schmalen Grad zwischen realer Wahrheit und Imagination in der Schwebe zu halten: „Je größer die Distanz und je deutlicher

---

248 Kierkegaard 1843, S. 444.
249 Rainer Warning: *Pariser Heteropien*. München 2003, S. 16.
250 Kruse 1994, S. 258.
251 Vgl. Seifert 1969, S. 229.

ihre Unüberbrückbarkeit wird, desto größer [...] wird das Verlangen nach dem Authentischen."[252]

Die Grenzen des Ich lösen sich in dieser Unüberbrückbarkeit auf. Im Schutz seiner Abgeschiedenheit als bewusst gewähltem szenischen Konzentrat erlebt Brigge nun endgültig ein seelisches Aufgehen in imaginären Räumen. Die Erzählwelt entfaltet in diesem Rückzug eine faszinierende Kontrastwelt des inneren Refugiums und seiner überschreitenden Vorstellung der Peripherie seines Wohnraumes. Brigge hat sich als einen *Einsamen* definiert, damit ist im Kierkegaardschen Sinne jedoch nicht Singularität gemeint: „die Existenz und damit die Wahrheit des Menschen [erweist] sich nur und ausschließlich in seiner Einzelheit [...], nur dort, wo die Einzelheit angesprochen wird, [kann er] sein Menschsein leben."[253]

In diesem Prozess der Vereinzelung sind Abgrenzung und Vereinnahmung durch selbstgeschaffene Beziehungsverhältnisse paradox verschränkt.

---

252 Nikolaus Förster: Die Lust am Authentischen. Ein Postulat und seine Karriere in der Moderne. In: Ders.: *Die Wiederkehr des Erzählens*. Darmstadt 1999, S. 29-57, hier: S. 30.
253 Liessmann 1993, S. 28.

> Wenn es nur einmal so ganz stille wäre.
> Wenn das Zufällige und Ungefähre
> verstumme und das nachbarliche Lachen,
> wenn das Geräusch, das meine Sinne machen,
> mich nicht so verhinderte am Wachen.[254]

4.1 Reflexionsräume – Verstörende Nähe der Ferne

Brigge versucht weiterhin, sich in einem Aneignungsprozess den Wirklichkeitspartikeln der Realität zu stellen; seine jetzige Objektwahl eröffnet wiederum neue Assoziationsflächen der versuchten Identitätsbildung. Der Schutz eines angemieteten Domizils macht die selbstgewählte Abgeschiedenheit trotzdem zugänglich für sinnliche Eindrücke. Das eigene Zimmer als Hort der Ruhe verweigert sich; mit zerebraler Genauigkeit gibt Rilke einen weiteren Blickwinkel der nahen Ferne:

> Es giebt ein Wesen, das vollkommen unschädlich ist, wenn es dir in die Augen kommt, du merkst es kaum und hast es gleich wieder vergessen. Sobald es dir aber unsichtbar auf irgendeine Weise ins Gehör gerät, so entwickelt sich dort, es kriecht gleichsam aus, und man hat Fälle gesehen, wo es bis ins Gehirn vordrang und in diesem Organ verheerend gedieh, ähnlich den Pneumokokken des Hundes, die durch die Nase eindringen. Dieses Wesen ist der Nachbar. (MB 863)

In diesem verräumlichten Nebeneinander hausen gleich neben ihm konkrete Gespenster, das unheimliche Anwachsen der Wahrnehmung lauert auch hier. Er ahnt, dass „hier die Gleichgültigkeit gegen den räumlich Nahen einfach eine Schutzvorrichtung [darstellt], ohne die man in der Großstadt sich seelisch zerreiben und sprengen müßte."[255] Die Bewährungsprobe des Subjekts in einem Zusammenspiel von Ich, Bewusstsein und Denken in der Spiegelung von Wahrnehmung – Fühlen, Sehen und Hören – scheint zunehmend fragwürdiger zu werden:

> Was das Authentische ist, bleibt rätselhaft, zuweilen sogar beunruhigend. Es zu benennen, fällt schwer. Um so deutlicher und vielfältiger dagegen erscheint, was dem Authentischen im Wege steht, was den Zugang zu zeitlosen, auratischen Orten einer unentstellten und unverdorbenen Eigentlichkeit versperrt.[256]

---

254 Rainer Maria Rilke: Das Stundenbuch. Erstes Buch: Das Buch vom mönchischen Leben (1899). In: Rainer Maria Rilke: *Gedichte 1895-1910*. Bd. 1. Hg. v. Manfred Engel u. Ulrich Fülleborn. (= Rainer Maria Rilke: *Werke*. Komm. Ausg. in 4 Bd. Hg. v. Manfred Engel u.a.). Frankfurt am Main 1996, S. 159.
255 Simmel 1903, S. 159.
256 Förster 1999, S. 29.

Rilke gewährt mit seinen Impressionen einerseits den Blick aus größter Ferne und zugleich intimster Nähe; so hat Brigge, wie dies ähnlich Georg Simmel formuliert, früher bereits

> unberechenbare Nachbaren gehabt und sehr regelmäßige. Ich habe gesessen und das Gesetz der ersten herauszufinden versucht; denn es war klar, daß auch sie eines hatten. Und wenn die pünktlichen einmal am Abend ausblieben, so hab ich mir ausgemalt, was ihnen könnte zugestoßen sein, und habe mein Licht brennen lassen und mich geängstigt. (MB 864)

An sich banale Beobachtungen eines Nachbarn potenzieren den Blick des gefährdeten Ich auf sich selbst. Die physisch-psychische Anteilnahme des Ich zerfällt wiederum in die Polaritäten von Lust und Unlust. Die profane Wirklichkeit wird fabel-haft aufgeladen, die Grenzen der Vernunft werden nicht gesichert oder ausgeweitet, sondern im Gegenteil aufgeweicht:

> Ich habe meinen Nachbarn fast schon vergessen. [...] Unten frage ich zwar zuweilen im Vorübergehen, ob Nachrichten von ihm da sind und welche. Und ich freue mich, wenn sie gut sind. Aber ich übertreibe. Ich habe eigentlich nicht nötig, das zu wissen. Das hängt gar nicht mehr mit ihm zusammen, daß ich manchmal einen plötzlichen Reiz verspüre, nebenan einzutreten. Es ist nur ein Schritt von meiner Tür zu der andere, und das Zimmer ist nicht verschlossen. Es würde mich interessieren, wie dieses Zimmer eigentlich beschaffen ist. Man kann sich mit Leichtigkeit ein beliebiges Zimmer vorstellen, und oft stimmt es dann ungefähr. Nur das Zimmer, das man neben sich hat, ist immer ganz anders, als man es sich denkt. (MB 875f.)

Auch hier erfährt Brigge das Schwinden der räumlichen Sicherheit; das vielfältige engmaschige Beziehungsgeflecht, das Rilke für seinen Protagonisten gewoben hat, wird wiederum zum offenen Raum, der zum Kontrast innerer und äußerer Erfahrung wird. Manfred Sommer macht verständlich, warum diese *Paradoxie der Empfindung* kontroversieller Gegenstand bleiben muss:

> je mehr die Empfindung sinnlich gegeben, unmittelbar präsent, evident erlebt ist, desto weniger ist sie identifizierbar, begreifbar, benennbar. [...] Die Evidenz, *daß* es Empfindungen gibt, wächst mit der Unfaßbarkeit, *was* es da gibt. Die reine, vor aller objektivierenden Auffassung liegende Empfindung wäre, wenn es sie geben könnte, das bloße Daß. Und umgekehrt: die Empfindung, die kategorial oder intentional ins Objektive transformiert wurde, läßt sich nunmehr als gerade diese Empfindung identifizieren und benennen [...]. Das Was der Empfindung lesen wir an der Qualität des Gegenstandes ab, ihr Daß aber erscheint dann als fiktive Zutat, die Empfindung insgesamt als Konstrukt.[257]

---

[257] Sommer 1996, S. 92.

In der Verinnerlichung des nachbarlichen Zimmers wird der Raum zu einer Größe, die das Subjekt mit Assoziationen überflutet, die das Ich letztlich überfordern. Im Verlust seiner Konturen sucht Brigge sie zuletzt im Denkraum der Verdinglichung:

> Ich sage mir, daß es dieser Umstand ist, der mich reizt. Aber ich weiß ganz gut, daß es ein gewisser blecherner Gegenstand ist, der auf mich wartet. Ich habe angenommen, daß es sich wirklich um einen Büchsendeckel handelt, obwohl ich mich natürlich irren kann. Das beunruhigt mich nicht. Es entspricht nun einmal meiner Anlage, die Sache auf den Büchsendeckel zu schieben. (MB 876)

Brigge ist seit seiner Kindheit einer vielschichtigen Gefühlswelt ausgesetzt. In der Introspektion wendet er sich nun den Dingen zu, die – wie schon der Mutter – einen symbolischen Raum der Souveränität liefern sollen. In der retrospektiven Verinnerlichung der mütterlichen Einbildungskraft waren die Dinge „so die Träger der Erinnerungen, die in sie hineinverwoben sind. Ja in ihnen eigentlich baut sich unsere gedeutete Welt auf. Auf ihnen beruht die ganze Sicherheit unseres Leben."[258]

In der Dialektik von Vertrautem und Fremdem kann aber auch Distanzierung und Zerstreuung und letztlich eine Befreiung vom bedrückenden Alltag erfahren werden. Aber so, wie Rilke die Dinge literarisch arrangiert, sind diese in der Lage – wie schon in Brigges Kindheit – neues Unheil zu bringen und das Innere des Protagonisten im Erinnern, Visionieren und schließlich Umcodieren in unheimliche Epiphanien der Nähe aufgehen zu lassen.

---

258 Otto Friedrich Bollnow: *Rilke*. Stuttgart 1951^2, S. 113.

> Stell Dir einen Malte vor, der in diesem für ihn so schrecklichen Paris eine Geliebte gehabt hätte oder gar einen Freund! Wär er je so weit in das Vertrauen der Dinge eingetreten? [...] Ein Ding, damit es zu dir spreche, mußt du eine bestimmte Zeitlang wie das einzig seiende behandeln, wie die einmalige Erscheinung.[259]

4.2 Das Eigenleben der Dinge: Rufzeichen des Raums, die sagen: Hier![260]

Zum Verständnis Rilkes von den Dingen - dem ihnen innewohnenden Geheimnis, das hinter der sichtbaren Welt verborgen ist[261] - und seiner neuartigen Blickrichtung in der Präsenz von Vergangenheit und Gegenwart sei verwiesen auf Rilkes Auseinandersetzung mit der bildnerischen Kunst Auguste Rodins. In einem Vortrag bittet er die Zuhörer um ein romantisch-inspiriertes Erinnern der eigenen Kindheit:

> Wenn es Ihnen möglich ist, kehren Sie mit einem Teile Ihres entwöhnten und erwachsenen Gefühls zu irgendeinem Ihrer Kinderdinge zurück, mit dem Sie viel umgingen. Gedenken Sie, ob es irgend etwas gab, was Ihnen näher, vertrauter und nötiger war, als so ein Ding. Ob nicht alles – außer ihm – imstande war, Ihnen weh oder unrecht zu tun. Sie mit einem Schmerz zu erschrecken oder mit einer Ungewißheit zu verwirren? Wenn Güte unter Ihren ersten Erfahrungen war und Zutrauen und Nichtalleinsein – verdanken Sie es nicht ihm? War es nicht ein Ding, mit dem Sie zuerst Ihr kleines Herz geteilt haben wie ein Stück Brot, das reichen mußte für zwei?[262]

Rilke wendet sich den Dingen in einer explizit ästhetischen Wahrnehmung zu. Sein und Schein[263] sind in der kindlichen Phantasie nicht zu differenzieren, sie

---

259 Rilke: *Briefe 1919-1926*, S. 110f.
260 Rilke: Briefe *1919-1926*, S. 176.
261 Hier sei auf Gerhard Neumann verwiesen, der in Bezug auf die Auseinandersetzung Rilkes mit Paul Cézanne feststellt, daß Cézanne „in seinen Bildern nicht *Dinge* ausdrückt, sondern die *Wahrnehmung der Dinge* malt." Diese Feststellung kann auf das Schreiben Rilkes übertragen werden. Gerhard Neumann: Semiose zwischen Bild und Schrift. In: *Inszenierungen in Schrift und Bild*. Hg. v. Gerhard Neumann u. Claudia Öhlschläger. Bielefeld 2004, S. 81-108, hier: S. 107.
262 Rainer Maria Rilke: Ein Vortrag (1907). In: *Auguste Rodin*. Duisburg 2002, S. 65-104, hier: S. 67f.
263 Der Begriff ‚Schein' wird hier im Sinne der Definition Wolfgang Isers gebraucht: „Er vermag die Unversöhnlichkeit zwischen dem, was ist, und dem, was sich entzieht, zu indizieren. [...] Als solcher leistet der Schein die Anzeige einer anwesenden Abwesenheit, wodurch er zum einen die Illusion einer Gegenwart erzeugt, was nicht ist, und zum anderen als Schein durchschaubar bleiben muß, damit Nicht-Seiendes nicht zum Sein werde.

fließen ineinander. Diese Sensibilisierung beinhaltet sowohl kindliche Selbstvergessenheit und Illusion und ebenso das - über das frühe Nicht-Begreifen hinausgehend - gleichzeitige Empfinden von Furcht und Angst. Diese von Rilke geforderte Rückbesinnung setzt die Einbildungskraft frei und leistet so

> eine sensitive Beachtung dessen, was in den Dingen unbestimmbar ist. Sie ist darauf aus, ihre Gegenstände so zu belassen, nicht wie sie unter diesem oder jenem Aspekt sind, sondern wie sie unseren Sinnen jeweils hier und jetzt erscheinen. Diese Konzentration auf das momentane Erscheinen der *Dinge* aber ist stets zugleich eine Aufmerksamkeit für die Situation der *Wahrnehmung* ihres Erscheinens – und damit eine Rückbesinnung auf die unmittelbare *Gegenwart*, in der sie sich vollzieht. Die ästhetische Aufmerksamkeit für ein Geschehen der äußeren Welt ist so zugleich eine Aufmerksamkeit für uns selbst: für den Augenblick hier und jetzt.[264]

Brigge stellt fest, dass er in der Herausbildung imaginärer Räume vor der Folie der Erfahrung der modernen Großstadt wiederum zurückgeführt wird in Erinnerungen, sich in ihm durch die symbolische Fracht der Großstadtlandschaft aber auch eine

> vollkommen andere Auffassung aller Dinge [...] unter diesen Einflüssen in mir herausgebildet [hat], es sind gewisse Unterschiede da, die mich von den Menschen mehr als alles Bisherige abtrennen. Eine veränderte Welt. Ein neues Leben voll neuer Bedeutungen. Ich habe es augenblicklich etwas schwer, weil alles zu neu ist. (MB 775)

Die alltäglichen Dinge des Lebens verlieren ihre vorbestimmte Identität, die Gewissheit der Welt erfährt auch im Kleinen Irritationen. Mit diesen synästhetischen Reflexionen, in denen die Dinge ein Eigenleben entwickeln, wird deutlich, dass dem Protagonisten das Dasein fremd und nicht mehr greifbar geworden ist, Ich und Welt nicht mehr vereinbar sind:

> Die Epiphanie gehört zu den modernen Stilmitteln, die die Verschränkung von Subjekt und Objekt vorzuführen vermögen. Der Held verbleibt nicht in der überlegenen Rolle des Gegenüber, er wird erkennbar als zu den Objekten gehörig. Das Objekt andererseits ist nicht mehr einzuordnen in die selbstverständlich zur Verfügung stehende Welt, sondern das Objekt manifestiert sich in seiner Eigenbewegung, seiner Ebenbürtigkeit dem Subjekt gegenüber, seinem Mitspracherecht in seinem fremdartig-anziehenden Sog.[265]

Folglich entpuppt sich der Schein als eine Form der Vermittlung zwischen dem Bewußtsein und dem, was diesem entzogen ist." Wolfgang Iser: Von der Gegenwärtigkeit des Ästhetischen. In: *Dimensionen ästhetischer Erfahrung*. Hg. v. Joachim Küpper u. Christoph Menke. Frankfurt am Main 2003, S. 176-202, hier: S. 183.
264 Martin Seel: *Ästhetik des Erscheinens*. München/Wien 2003, S. 38f.
265 Höllerer 1961, S. 183.

Die Intention Brigges, die Welt, die Menschen und die Dinge verstehen zu wollen, wird weiterhin in Vexierbildern aufgelöst. Rilke verlagert die Dramaturgie des Stadterlebens Brigges auf ein reduziertes ästhetisches Arrangement, die Wahrnehmung wird „intensiviert durch die Verkleinerung des Wahrnehmungsgegenstandes auf die Großstadtminiatur."[266] Über die räumlich-reduzierten nachbarschaftlichen Erfahrungen möchte Brigge nun an *Tatsachen* anknüpfen:

> Beinah jeder kennt den Lärm, den irgendein blechernes, rundes Ding, nehmen wir an, der Deckel einer Blechbüchse, verursacht, wenn er einem entglitten ist. Gewöhnlich kommt er gar nicht einmal sehr laut unten an, er fällt kurz auf, rollt auf dem Rande weiter und wird eigentlich erst unangenehm, wenn der Schwung zu Ende geht und er nach allen Seiten taumelnd aufschlägt, eh er ins Liegen kommt. (MB 871f.)

Brigges Ansinnen, seinen Empfindungen in einer objektivistischen Konzeption Raum zu geben, einer Vergegenständlichung zu unterziehen, scheint zunächst Halt zu geben:

> Die Empfindung muß [...] vergegenständlicht, *objektivierend aufgefaßt* werden. Diese Vergegenständlichung ist [...] die stets vollzogene Leistung unseres Bewußtseines, in der und durch die sich Gegenstände konstituieren. Neben dieser Art der *objektivierenden Auffassung* von Empfindungen, deren Resultat – Qualitäten an Objekten – uns erst umwegig die Zuwendung zu Empfindungen ermöglicht, gibt es die unmittelbare Vergegenständlichkeit: sie führt nicht *von* Empfindungen *zu* Gegenständen, sondern *zu* Empfindungen *als* Gegenständen.[267]

In der Begrenztheit einerseits und der Über-Schaubarkeit seines Zimmers andererseits wird die Beweglichkeit eines Objektes zum paradoxen Gravitationszentrum seiner Aufmerksamkeit; es öffnet sich ein neues Fenster der Imagination. Imaginäre Raumschichten, die sich in zunehmendem Maße verselbständigen und in der realen wie fiktiven Wahrnehmung ausufern in irrationale Überlagerungen, stürzen den Protagonisten in abgründige Überlegungen:

> Erschrick nicht, hätte ich mir sagen müssen, jetzt kommt es; ich wußte ja, daß ich mich niemals täuschte. Aber das lag vielleicht gerade an den Tatsachen, die ich mir hatte sagen lassen; seit ich sie wußte, war ich noch schreckhafter geworden. Es berührte mich fast gespenstisch, daß das, was diesen Lärm auslöste, jene kleine, langsame, lautlose Bewegung war. (MB 873)

---

266 Klaus R. Scherpe: Nonstop nach Nowhere City? Wandlungen der Symbolisierung, Wahrnehmung und Semiotik der Stadt in der Literatur der Moderne. In: Ders.: *Die Unwirklichkeit der Städte. Großstadtdarstellungen zwischen Moderne und Postmoderne.* Reinbek bei Hamburg 1988, S. 129-152, hier: S. 139.
267 Sommer 1996, S. 95.

Brigge kann sich in das Zimmer des Nachbarn einfühlen, vor seinem Inneren entsteht ein blecherner Gegenstand, „der auf mich wartet. Ich habe angenommen, daß es sich wirklich um einen Büchsendeckel handelt, obwohl ich mich natürlich irren kann!" (MB 876) Ein intellektuelles Hinterfragen ist nicht notwendig, wir befinden uns auf einem künstlerischen Experimentierfeld, längst sind an die „Stelle der Begriffe Interpretation, Bedeutung, Sinn, Verstehen [...] hier eher Begriffe wie Ereignis, Inszenierung, Aufführung, [...] Verkörperung [getreten]"[268], die die existentialistische Auseinandersetzung Brigges beschreiben:

> Nun an diesem selben Abend war es ärger denn je. Es war noch nicht zu spät, aber ich war aus Müdigkeit schon zu Bett gegangen; ich hielt es für unwahrscheinlich, daß ich schlafen würde. Da fuhr ich auf, als hätte man mich berührt. Gleich darauf brach es los. Es sprang und rollte und rannte irgendwo an und schwankte und klappte. Das Stampfen war fürchterlich. Dazwischen klopfte man unten, einen Stock tiefer, deutlich und böse gegen die Decke. (MB 874)

Gegen den *Einsamen* können sich die Dinge verbinden, „um ihn zu stören, zu schrecken, zu beirren, und wissen, daß sie es können. Da fangen sie, einander zuzwinkernd, die Verführung an, die dann ins Unermessene weiter wächst." (MB 878) Im versuchten Unterlaufen des städtischen Kosmos wird es auch im bewusst reduzierten Raum eng:

> Wenn man von dem Einsamen spricht, setzt man immer zuviel voraus. Man meint, die Leute wüßten, um was es sich handelt. Nein, sie wissen es nicht. Sie haben nie einen Einsamen gesehen, sie haben ihn nur gehaßt, ohne ihn zu kennen. Sie sind seine Nachbarn gewesen, die ihn aufbrauchten, und die Stimmen im Nebenzimmer, die ihn versuchten. Sie haben die Dinge aufgereizt gegen ihn, daß sie lärmten und ihn übertönten. (MB 880)

Brigge kann sich letzten Endes von den ihn umgebenden Objekten – Menschen wie Dingen – nicht distanzieren und muss erkennen,

> daß jedes einzelne Sollen die ganze Persönlichkeit repräsentiert und ein Gesamtleben, mag es noch so viel mit anderen gemein haben, doch eigentlich eine doppelte Unvergleichlichkeit an sich fühlt. Einmal in dieser tiefsten Persönlichkeitsschicht, von der ein jeder, unbeweisbar, aber unwiderlegbar empfindet, daß er sie mit niemandem teilen und niemandem mitteilen kann, die qualitative Einsamkeit des persönlichen Lebens, deren Brückenlosigkeit in dem Maße der Selbstbesinnung fühlbar wird.[269]

---

268 Erika Fischer-Lichte: Ästhetische Erfahrung als Schwellenerfahrung. In: *Dimensionen ästhetischer Erfahrung*. Hg. v. Joachim Küpper u. Christoph Menke. Frankfurt am Main 2003, S. 138-161, hier: S. 138.
269 Simmel 1918, S. 415.

Menschen und Dinge sind in der Erzählwelt Rilkes in Kontrast- und Widerspruchsverhältnissen nur noch als Silhouetten greifbar. Weder imaginierte Kindheitsutopien noch die obsessive Selbstpreisgabe Brigges in der Metropole bergen tragende Stützen für die Selbstfindung des Protagonisten. Auch der räumliche Rückzug in die inneren Kulissen seines Zimmers bietet keinen Halt vor den Schreckensszenarien einer verlorenen Existenz. Die ästhetisch-überhöhte Perspektive auf die Welt – im Großen wie im Kleinen – hat Brigges Wahrnehmung geschärft; er erlebt die Realität in

> einer extremen Subjektivierung und Verinnerlichung von Wirklichkeitserfassung, die auf diese Weise die fragmentierte und damit fremdgewordene Erscheinungswelt für das Wesenhafte transparent macht. Der ästhetische Blick ist auf Zusammenhang, Sinn und Integration des Subjektes in einen Kosmos der Bezüge und Entsprechungen gerichtet.[270]

Ob Brigge seine innere Form des Zugangs zur Welt findet lässt der Roman offen.[271] Rilke selbst gibt 1924 in einem Brief folgende mögliche Erklärung:

> So ausgedehnt das *Außen* ist, es verträgt mit allen seinen siderischen Distanzen kaum einen Vergleich mit den Dimensionen, *mit der Tiefendimension unseres Inneren*, das nicht einmal die Geräumigkeit des Weltalls nötig hat, um in sich fast unabsehlich zu sein. [W]enn also Künftige einen Aufenthalt nötig haben, *welche* Zuflucht sollte ihnen angenehmer und angebotener sein, als dieser imaginäre Raum?[272]

Dies ist die Rahmung, die Rilke uns für das Erleben seines Protagonisten anbietet: Zunächst die Herausbildung imaginärer Räume vor der Folie der Erinnerung an die Kindheit; dann in der Erfahrung der modernen Großstadt Paris mit imaginären Raumschichten, die sich in zunehmendem Maße verselbständigen und die Heteropien der Metropole sowie die fiktiven Räume hinter sich lassen. So kann die Zuflucht in imaginäre Räume als Motiv gesehen werden, welches auf Identitätsbildung, zumindest aber existentielle Erkenntnis hinausläuft.

---

270 Barz 2003, S. 11.
271 Hier soll Interpreten wie z.B. Heftrich widersprochen werden, daß die „Figur konsequenterweise zugrunde geht." Heftrich 1962, S. 152. So lautet eine der letzten Eintragungen Brigges zuversichtlich: „Wahrscheinlich konnte er bleiben." (MB 946)
272 Rilke: *Briefe 1919-1926*, S. 333.

> [E]inen Tag auftrennen Faden für Faden, Naht
> für Naht; das ganze Muster löst sich in lange
> Fäden auf, die ganze Arbeit ergießt sich zu-
> rück in meine Hände, und ich beginne eine
> schwere, eine vorwurfsvolle Nacht.[273]

4.3 Verschwinden im Gedächtnisraum: *Nein, er wird fortgehen.*[274]

Rilke hat das Leben eines jungen Mannes geschildert, der mit seinen inneren und äußeren Abhängigkeiten ein Kind seiner Zeit und doch in seiner literarischen Entwicklung dieser Zeit weit voraus ist. Brigges Konfrontation mit vergangenen und sich daraus entwickelten existenten Ängsten, die parallel zu den Freiheitsansprüchen erwachsen, lässt ihn noch einmal resümieren:

> Und den Rest tat das Haus. Man mußte nur eintreten in seinen vollen Geruch, schon war das Meiste entschieden. Kleinigkeiten konnten sich noch ändern; im ganzen war man schon der, für den sie einen hier hielten; der, den sie aus seiner kleinen Vergangenheit und ihren eigenen Wünschen längst ein Leben gemacht hatten; das gemeinsame Wesen, das Tag und Nacht unter der Suggestion ihrer Liebe stand, zwischen ihrer Hoffnung und ihrem Argwohn, vor ihrem Tadel oder Beifall. (MB 940)

Rückgekoppelt an familiäre Vorgaben und Erwartungen konkretisiert sich der verwunschene Phantasieort der Kindheit zunehmend als subtiles Bild einer zwar prägenden, aber vergangenen Zeit. Weltferne der Provinz und empfundene Formlosigkeit der Metropole – als Grenz- und Übergangszonen seiner Selbstsuche – führen zu einem Scheideweg, in welchem die Wirklichkeitsverkennung aufzugeben ist. Die Requisitenkammer der Kindheit dient nun als Raum für existentialistische Fragestellungen:

> Wird er bleiben und das ungefähre Leben nachlügen, das sie ihm zuschreiben [...]? Wird er sich teilen zwischen der zarten Wahrhaftigkeit seines Willens [...]? Wird er es aufgeben, *das* zu werden, was denen aus seiner Familie, die nur noch ein schwaches Herz haben, schaden könnte? (MB 940)

Brigges schmerzhafter Identitätssuche, bei der er der ganzen Fragilität des Lebens ausgesetzt war, setzt Rilke abschließend eine selbstironische Momentaufnahme entgegen: „Es muß für ihn unbeschreiblich befreiend gewesen sein, daß ihn alle mißverstanden, trotz der verzweifelten Eindeutigkeit seiner Haltung." (MB 946)

---

273 Rilke: *Briefe 1902-1906*, S. 204.
274 MB 941.

Diese vitale Äußerung Brigges lässt nicht an Selbstauflösung denken. Rilke selbst hat dazu festgehalten:

> Im *Malte* kann nicht davon die Rede sein, die vielfältigen Evokationen zu präzisieren und zu verselbständigen. Der Leser kommuniziert nicht mit ihrer geschichtlichen oder imaginären Realität, sondern durch sie, mit Maltes Erlebnis: der sich ja auch nur mit ihnen einläßt, wie man, auf der Straße, einen Vorübergehenden, wie man einen Nachbarn etwa auf sich wirken läßt. Die Verbindung beruht in dem Umstande, daß die gerade Heraufbeschworenen dieselbe Schwingungszahl der Lebensintensität aufweisen, die eben in Maltes Wesen vibriert.[275]

Die angesprochene *Lebensintensität* ist ja gerade der Fundus für Brigges reiches Wahrnehmungsvermögen. Dissoziationsprozesse, beschrieben in Epiphanien des Augenblicks, heben den Protagonisten an die Oberfläche des literarischen Lebens:

> Wenn von ästhetischer Lebendigkeit die Rede ist, dann meint dies nicht den Griff ins unmittelbare Leben und seine Faszination, sondern ein *zweites*, *abgeleitetes* Leben, das sich von der primären Lebenswelt vermittels des Kriteriums der *Künstlichkeit* unterscheidet. Es ist stets ein *dargestelltes* Leben. Eine *Differenz* kommt ins Spiel. Mit artifiziellen Mitteln soll eine Evokation gelingen, die sich auf Erfahrungen unmittelbaren Lebens bezieht, sie gar überbietet.[276]

Überträgt man Walter Benjamins Ausführung über das Mitteilbare bzw. Nicht-Mitteilbare in das Romangeschehen,

> dann erweist sich als wesentlich nicht das, was Dichtung durch Sprache mitteilt, sondern wichtig ist das, was durch das geschriebene Wort assoziiert wird, ohne daß der Autor es verbal benennt. Der Text enthält eine vom Autor dort hinterlegte geheime Botschaft. Sie ist der wahre Grund jedes sprachlichen Kunstwerkes, und um ihn zu entdecken, bedarf es oft nur einzelner Worte, die den Leser in diesen Bereich geleiten. Solche Worte können Zwischenräume eröffnen.[277]

Rilke hat mit Brigge ein Subjekt postuliert, dass sich in selbstgeschaffenen variablen Räumen und Wirklichkeiten – trotz aller Entgrenzung – immer wieder in individueller Einzigartigkeit neu findet. Die aufgefächerte Wahrnehmung Brigges intendiert den Blick auf mikroskopisch-verdichtete Momente. In gelassener Ironie und Differenzierung ist für ihn folgende Erkenntnis möglich:

---

275 Rilke: Briefe 1919-1926, S. 372.
276 Gottfried Boehm: Der Topos des Lebendigen. Bildgeschichte und ästhetische Erfahrung. In: *Dimensionen ästhetischer Erfahrung*. Hg. v. Joachim Küpper und Christoph Menke. Frankfurt am Main 2003, S. 94-112, hier: S. 95.
277 Michael Opitz: Lesen und Flanieren. Über das Lesen von Städten, vom Flanieren in Büchern. In: *Aber ein Sturm weht vom Paradiese her. Texte zu Walter Benjamin.* Hg. v. Michael Opitz und Erdmut Wizisla. Leipzig 1992, S. 162-181, hier: S. 168f.

Sich im anderen wiederzuerkennen, eine Entfremdung zu überwinden, in die Identität mit sich zurückzukehren, das ist der vertraute Hintergrund, vor dem sich dieses Erlebnis abhebt: Ich bin häufig genug nicht ich, ohne daran zu leiden – welch ein Schreck, dann mit mir eins zu werden! Es gibt, auf diesen Kontrast kommt es an, ein Glück der Nicht-Identität, das sich freilich unthematisierbar, nur indirekt erschließt im Augenblick seiner Störung.[278]

In diesem Sinne soll der Protagonist im Gedächtnisraum des Rezipienten aufgehen und dort aufgehoben sein.

---

278 Sommer 1996, S. 399.

Und wieder rauscht mein tiefes Leben lauter,
als ob es jetzt in breitern Ufern ginge.
Immer verwandter werden mir die Dinge
und alte Bilder immer angeschauter.[279]

Zusammenfassung: Diese lautlosen Verwandlungen des Lebens [280]

Wie aufgezeigt werden konnte, hat Jens Peter Jacobsen programmatische Motive der Romantik in seinen Roman *Niels Lyhne* einfließen lassen: den Rückzug des Protagonisten in inneres Erleben verbunden mit der Setzung des Ich und der damit selbstbestimmten Weltsicht, die phantastisch geformt und ebenso wieder aufgehoben werden kann und den Protagonisten damit in bedrohlich-erfahrbare Freiheit entlässt. Die philosophischen und literarischen Strömungen der Romantik zeigen in dieser Konzeption eine

> spezifisch moderne Ambivalenz der Subjekterfahrung: einerseits die emphatische Begrüßung der neu gewonnenen Freiheit im Selbstentwurf des Ichs – die ihr ästhetisches Pendant in der Verabsolutierung der Einbildungskraft [...] findet, andererseits aber die erschreckende Einsicht in die prinzipielle Destruktierbarkeit solcher Entwürfe.[281]

Auf den ersten Blick ist der Text wie ein Entwicklungs- oder Künstlerroman konzipiert, in dem selbstreflexive Themen wie Determination, Entwicklung und neuartiges Kunstverständnis abgehandelt werden. In der Makrostruktur des Werkes ist jedoch das Außerordentliche zu entdecken:

> Die verschiedenen Erzählebenen, die als Skizzenblätter präsentiert werden, führen immer weiter hin in einen Imaginationsraum, in dem schließlich ein *Proverbe dramatique*, ein Stegreifspiel entworfen wird, das deutlich als Fiktion markiert wird und auf seine eigene Theatralik aufmerksam macht. An die Stelle von Mimesis ist Simulation getreten, an den Platz der Wirklichkeit die Projektion. Damit wird die [...] dominierende rationalistische Erkenntnisform der Zentralperspektive hinterfragt zugunsten von einer Prozessualität des Blicks – in Jacobsens Dichtung haben wir es dezidiert mit einer neuen, einer modernen Wahrnehmung zu tun.[282]

Auch Rainer Maria Rilkes Roman *Die Aufzeichnungen des Malte Laurids Brigge* fußt in den innovativen Ansprüchen der Romantik:

---

279 Rainer Maria Rilke: Zeile aus dem Gedicht *Fortschritt*. In: Ders. *Gedichte*, S. 348.
280 Rainer Maria Rilke: *Briefe aus den Jahren 1906-1907*. Hg. v. Ruth Sieber-Rilke u. Carl Sieber. Leipzig 1930, S. 33.
281 Vietta/Kemper 1998, S. 39.
282 Heitmann 2006, S. 198.

Der Moderne, mit der man es bei Rilke zu tun [...], nähert man sich am ehesten – so paradox das klingt –, wenn man auf die ideen- und dichtungsgeschichtliche Situation um 1800 zurückschaut. Dort zeigt sich nämlich zum erstenmal eine Dialektik innerhalb des modernen Gesamtprozesses; also nicht einfach der Antagonismus zwischen Alt und Neu, zwischen Tradition und modernem Traditionsbruch, sondern jetzt steht *eine* Moderne gegen die andere auf. Die neue Erscheinungsform der Moderne aber heißt, unter europäischer Perspektive, *Romantik*.[283]

Beiden Texten liegt ein experimentelles Erzählen zugrunde, das mit den neu erstandenen Räumen der Großstadt über romantisch-kritische Visionen hinausgreifen muss. Virtuos werden die Seelenlandschaften der Protagonisten in der versuchten Bewältigung ihrer Lebensaufgabe im Zusammenspiel mit den Gegebenheiten der jeweiligen Gesellschaft ausgelotet. Die Auseinandersetzung beider Protagonisten kulminiert in einem existentiell-aufgefächerten Möglichkeitsraum; die Anforderungen an das Individuum erscheinen als zu groß. Zum Individuationsprozess in der Moderne hat Cornelia Klinger festgestellt:

> Diese Aufgabe läßt sich nicht mittels der Philosophie erfüllen, da deren Kritik das Problem doch erst geschaffen hat; ebensowenig durch die Religion, deren Glaube sich als durch diese Kritik verwundbar erwiesen hat; und noch weniger auf dem Wege der Naturwissenschaften, durch die die Schönheit und Magie der Natur zerstört wird. Während die Rationalität der Philosophie und Naturwissenschaft eine wesentlich negative Macht darstellt, ist die Einbildungskraft der Kunst zutiefst positiv, sie besitzt die Macht, eine ganze Welt zu schaffen.[284]

Bei beiden Protagonisten steht so zunächst der sorgsam bewahrte private Raum – besonders festgemacht an den Mutterfiguren mit ihrem übersteigerten ästhetisierten Begreifen der Welt – im Vordergrund. Aus diesen Erfahrungen setzen sie ihre Sinnsuche in Bewegung. Parallelen sind die Kindheitserfahrungen, die bis in das Großstadterleben zurückgreifen – bei beiden als Künstlerexistenz in den Städten Kopenhagen und Paris definiert.

Beide erleben ihre Existenz in dieser Konfrontation jedoch als die eines *Malers ohne Hände*. Die Autoren verweisen damit auf die seit der Romantik entwickelte Figur des autonomen Künstlers und der damit verbundenen Ambivalenz:

> Nach der einen Seite hin korrespondiert die Figur des Künstlers dem Konzept des modernen Subjekts; nach der anderen Seite enthält sie Momente, die über die weitgehend mit Rationalität identifizierte Subjektauffassung nicht nur hinausgehen, sondern zu dieser in Widerspruch treten und sich kritisch gegen sie wenden (können). [...] Die ästhetische Sphäre bildet einerseits einen Teil der modernen Welt – und zwar ihren avanciertesten und kompromißlosesten –, andererseits

---

283 Füllehorn 1997, S. 161.
284 Cornelia Klinger: *Flucht Trost Revolte. Die Moderne und ihre ästhetischen Gegenwelten.* München/Wien 1995, S. 137.

kennzeichnet es diesen Teil, sich gegen die moderne Welt richten und auf etwas nicht Enthaltenes, ihr Jenseitiges verweisen zu können.[285]

Der künstlerischen Entwicklung keinen adäquaten Raum geben zu können, kann als ein von den Autoren bewusst gewählter weiterer Bezugspunkt zur existentiellen Orientierungslosigkeit des Subjekts in der Auseinandersetzung mit ihrer Zeit gelesen werden. Darüber hinaus gehen Jacobsen und Rilke in der Entwicklung ihrer Figuren jedoch getrennte Wege.

Lyhne erlebt mehr oder weniger geglückte Beziehungen zu Frauen, der Anspruch auf ein erfülltes Leben bleibt jedoch in seiner inneren Emigration und ihrer Ausweglosigkeit stehen. Nach seinem Rückzug in die Provinz mit ihrer Abgeschiedenheit verschwindet die Außenwelt für ihn zunehmend. Nach dem Tod seiner Familie meldet er sich freiwillig ins Kriegsgeschehen und setzt damit bewusst die Möglichkeit und Bereitschaft zu seinem Tod. Für Lyhne wird es unmöglich, „das Leben zu ertragen, das er zu leben bekommen hat. Das Dasein war widerlich geworden, und sein Inhalt sickerte bedeutungslos nach allen Seiten fort." (NL 214) Lyhne verbleibt im Raum der Stagnation.

Rilke lässt seinen Protagonisten in seiner selbstgewählten Isolation – trotz der verzweifelten Versuche des Anknüpfens an andere Menschen – eine modernistische Existenz des Einzelnen führen. Trotzdem kann in der

> Konfrontation mit Ungewohntem eine Art Bewußtseinsfreiraum entstehen [...] als Ermöglichung einer veränderten Sicht oder Denkweise. Sofern die Veränderung das bisherige Selbst- und Wirklichkeitsverständnis antastet, erzeugt sie Entfremdungs- und Angstgefühle; sofern sie indes die Aufnahme oder Entwicklung neuer Denkformen ermöglicht, ist sie potentiell auf die Herausbildung einer dementsprechend abgewandelten Selbst- und Wirklichkeitserfassung ausgerichtet. Analog dazu ist Maltes häufig geäußerte Furcht ein Symptom sowohl der Abwehr als auch der Aufgeschlossenheit dem Neuen gegenüber.[286]

Rilkes für seinen Protagonisten entwickelte Denk- und Vorstellungsräume eröffnen Welten einer illusionslosen Vergegenwärtigung der Moderne und die Erfahrung des auf sich selbst zurückgeworfenen Individuums. In all den ihm begegnenden Epiphanien bündelt sich die Erfahrung der Moderne: beschrieben, vorausgedacht und nachvollziehbar an den vorgestellten Diskursen.

---

285 Klinger 1995, S. 139.
286 Brigitte L. Bradley: *Zu Rilkes Malte Laurids Brigge*. Tübingen/Basel 1952, S. 38.

Bibliographie

Primärliteratur

Jacobsen, Jens Peter: *Niels Lyhne*. Übers. v. Marie von Borch. Stuttgart 1984.

Rilke, Rainer Maria: *Die Aufzeichnungen des Malte Laurids Brigge*. (= Rainer Maria Rilke: *Sämtliche Werke*. Bd. 6). Frankfurt am Main 1966.

Rilke, Rainer Maria: *Briefe aus den Jahren 1902-1906*. Hg. v. Ruth Sieber-Rilke u. Carl Sieber. Leipzig 1930.

Rilke, Rainer Maria: *Briefe aus den Jahren 1906-1907*. Hg. v. Ruth Sieber-Rilke u. Carl Sieber. Leipzig 1930.

Rilke, Rainer Maria: *Briefe aus den Jahren 1907-1914*. Hg. v. Ruth Sieber-Rilke u. Carl Sieber. Leipzig 1933.

Rilke, Rainer Maria: *Briefe in zwei Bänden 1919 bis 1926*. Hg. v. Horst Nalewski. Frankfurt am Main 1991.

Rilke, Rainer Maria: *Briefwechsel mit Ellen Key*. Frankfurt am Main 1993.

Rilke, Rainer Maria: *Gedichte 1906 bis 1926*. Hg. v. Ernst Zinn. Wiesbaden 1953.

Rilke, Rainer Maria: *Die Gedichte*. Frankfurt am Main 1998.

Rilke, Rainer Maria: Das Stundenbuch. Erstes Buch: Das Buch vom mönchischen Leben (1899). In: Rainer Maria Rilke: *Gedichte 1895-1910*. Bd.1. Hg. v. Manfred Engel u. Ulrich Fülleborn. (= Rainer Maria Rilke: *Werke*. Komm. Ausg. in 4 Bd. Hg. v. Manfred Engel u.a.) Frankfurt am Main 1996.

Rilke, Rainer Maria: Ein Vortrag (1907). In: *Auguste Rodin*. Duisburg 2002, S. 65-104.

Rilke, Rainer Maria: Die Bücher zum wirklichen Leben (1907). In: Rainer Maria Rilke: *Schriften*. Bd. 4. Hg. v. Horst Nalewski (= Rainer Maria Rilke: *Werke*. Komm. Ausg. in 4 Bd. Hg. v. Manfred Engel u.a.) Frankfurt am Main 1996.

Rilke, Rainer Maria: Ernst Hardt. Bunt ist das Leben (1902). In: Rainer Maria Rilke: *Schriften*. Bd. 4. Hg. v. Horst Nalewski (= Rainer Maria Rilke: *Werke*. Komm. Ausg. in 4 Bd. Hg. v. Manfred Engel u.a.). Frankfurt am Main 1996.

Sekundärliteratur und Quellen

Akashe-Böhme, Farideh: Fremdheit vor dem Spiegel. In: F.A.-B.: *Reflexionen vor dem Spiegel*. Frankfurt am Main 1992, S. 38-49.

Anz, Thomas: Der schöne und der häßliche Tod. In: *Klassik und Moderne*. Hg. v. Karl Richter u. Jörg Schönert. Stuttgart 1983, S. 409-432.

Barth, Heinrich: *Philosophie der Erscheinung. Eine Problemgeschichte*. Basel 1959.

Barz, Christiane: *Weltflucht und Lebensglaube. Aspekte der Dekadenz in der skandinavischen und deutschen Literatur um 1900*. Leipzig/Berlin 2003.

Bauer, Isadora: *Die Tragik in der Existenz des modernen Menschen bei G. Simmel*. Berlin 1962.

Beck, Knut: *100 Jahre S. Fischer Verlag 1886-1976. Eine Bibliographie*. Frankfurt am Main 1986.

Benjamin, Walter: Das Passagen-Werk. In: Ders.: *Gesammelte Schriften*. Hg. v. Rolf Tiedemann. Frankfurt am Main 1991.

Blumenberg, Hans: *Beschreibung des Menschen*. Aus dem Nachlaß hg. v. Manfred Sommer. Frankfurt am Main 2006, S. 657.

Böhm, Gottfried: Der Topos des Lebendigen. Bildgeschichte und ästhetische Erfahrung. In: *Dimensionen ästhetischer Erfahrung*. Hg. v. Joachim Küpper u. Christoph Menke. Frankfurt am Main 2003, S. 94-112.

Böhme, Hartmut: *Fetischismus und Kultur. Eine andere Theorie der Moderne*.Reinbek bei Hamburg 1960.

Böhme, Hartmut: *Natur und Subjekt*. Frankfurt 1988.

Bollnow, Otto Friedrich: *Rilke*. Stuttgart 1951[2]

Bradley, Brigitte L.: *Zu Rilkes Malte Laurids Brigge*. Tübingen/Basel 1995[2].

Brandes, Georg: Einleitung. In: Ders.: *Die Emigrantenlitteratur*. Bd. 1 (= Georg Brandes: *Die Hauptströmungen der Litteratur des neunzehnten Jahrhunderts. Vorlesungen, gehalten an der Kopenhagener Universität*. Übers. u. eingel. v. Adolf Strodtmann. 6 Bde.) Leipzig 1897, S. 1-16.

Brezina, Friedrich F.: Entweder Existenz – oder Profit. Versuch der Transpansion Kierkegaard'scher Existenzphilosophie im Hinblick auf eine Globalphilosophie. Vortrag gehalten beim Søren Kierkegaard Symposium der Universität Wien. Wien 2002.

Brüggemann, Heinz: Passagen. In: *Benjamins Begriffe*. Hg. v. Michael Opitz und Erdmut Wizisla. Frankfurt am Main 2000, S. 573-618.

Buck-Morss, Susan: *Dialektik des Sehens. Walter Benjamin und das Passagenwerk*. (*The Dialectics of Seeing. Walter Benjamin and the Arcadic Projects*. 1989) Übers. v. Joachim Schulte. Frankfurt am Main 1993.

Butt, Wolfgang: Der moderne Durchbruch und die Zeit bis zur Jahrhundertwende. In: *Grundzüge der neueren skandinavischen Literatur*. Hg. v. Fritz Paul. Darmstadt 1982, S. 147-214.

Crary, Jonathan: *Aufmerksamkeit. Wahrnehmung und moderne Kultur.* (*Suspension of Perception. Attention, Spectacle and Moderne Culture*. 1999). Übers. v. Heinz Jatho. Frankfurt am Main 2002.

de Certeau, Michel: *Kunst des Handelns* (*Art de faire*. 1980) Übers. v. Ronald Voullié. Berlin 1988.

de Mendelssohn: *S. Fischer und sein Verlag*. Frankfurt am Main 1970.

Destro, Alberto: Der Gott des jungen Rilke. In: *Rilke-Perspektiven*. Hg. v. Hans-Albrecht Koch, Alberto Destro. Overath 2004, S. 173-189.

Dierkes, Hans: Philosophie in der Romantik. In: *Romantik-Handbuch*. Hg. v. Helmut Schanze. Stuttgart 1994, S. 427-476.

Ebel, Uwe: *Rezeption und Integration skandinavischer Literatur in Thomas Manns ‚Buddenbrooks'*. (= *Skandinavische Studien*. Hg. v. Otto Oberholzer. Bd. 2). 1974.

Ebel, Uwe: *Die Kunst als Welt der Freiheit. Studien zu Werkstruktur und Werkabsicht bei Thomas Mann*. Metelen/Steinfurt 1991.

Egbringhoff, Ulla: *Franziska zu Reventlow*. Reinbek bei Hamburg 2000.

Egger, Irmgard: Nervöse Romantik. Heimito von Doderer im Kontext der modernen Großstadtliteratur. In: Jahrbuch zur Kultur und Literatur der Weimarer Republik. Bd. 6 (2001), S. 143-163.

Eichler, Uta: Freiheit und Angst. Nachwort. In: Søren Kierkegaard: *Der Begriff Angst*. Stuttgart 1992, S. 201-233.

Engel, Manfred: „Weder Seiende noch Schauspieler". Zum Subjektentwurf in Rilkes „Malte Laurids Brigge". In: *Rilke heute. Der Ort des Dichters in der Moderne*. Redaktion: Vera Hauschild. Frankfurt am Main 1997, S. 181-200.

Engel, Manfred: Nachwort. In: *Die Aufzeichnungen des Malte Laurids Brigge*. Stuttgart 1997, S. 319-350.

Engelhardt, Hartmut: *Der Versuch wirklich zu sein. Zu Rilkes sachlichem Sagen*. Frankfurt am Main 1973.

Elschenbroich, Donata: *Kinder werden nicht geboren. Studien zur Entstehung der Kindheit*. Bensheim 1980^2.

Fallenstein, Robert u. Christian Hennig: *Rezeption skandinavischer Literatur in Deutschland 1870-1914*. (= *Skandinavische Studien. Beiträge zur Sprache, Literatur und Kultur der nordischen Länder*. Hg. v. Otto Oberholzer, Bd. 7). Neumünster 1977.

Fichte, Johann Gottlieb: *Grundlage der gesamten Wissenschaftslehre (1794)*. Hg. v. Wilhelm G. Jacobs. Hamburg 1988.

Fichte, Johann Gottlieb: *Die Bestimmung des Menschen (1800)*. Hg. v. Theodor Ballauf u. Ignaz Klein. Stuttgart 1981.

Fiedler, Theodore: Vorwort. In: Rainer Maria Rilke: *Briefwechsel mit Ellen Key*. Frankfurt am Main 1993, S. VII-XVIII.

Fisher, Philip: City Matters: City Minds. Die Poetik der Großstadt in der modernen Literatur. In: *Die Unwirklichkeit der Städte. Großstadtdarstellungen zwischen Moderne und Postmoderne*. Hg. v. Klaus R. Scherpe. Reinbek bei Hamburg 1988, S. 106-128.

Fischer-Lichte, Erika: Ästhetische Erfahrung als Schwellenerfahrung. In: *Dimensionen ästhetischer Erfahrung*. Hg. v. Joachim Küpper u. Christoph Menke. Frankfurt am Main 2003, S. 138-161.

Förster, Nikolaus: Die Lust am Authentischen. Ein Postulat und seine Karriere in der Moderne. In: Ders.: *Die Wiederkehr des Erzählens*. Darmstadt 1999, S. 29-57.

Foucault, Michel: Andere Räume. In: *Der Foucault-Reader. Diskurs und Medien*. Hg. v. Jan Engelmann. Übers. v. Walter Seitter (entnommen aus: Zeitmitschrift. Heft 1. 1990). Stuttgart 1999, S. 145-160.

Foucault, Michel: Die Phantasmen der Bibliothek (1974). In: *Der Foucault Reader. Diskurs und Medien*. Hg. v. Jan Engelmann. Stuttgart 1999, S. 85-92.

Foucault, Michel: Von anderen Räumen (Des espaces autres. 1967). Übers. v. Michael Bischoff. In: Ders.: *Schriften in vier Bänden. Bd. IV 1980-1988*. Hg. v. Daniel Defert u.a. Frankfurt am Main 2005, S. 931-942.

Foucault, Michel: Technologien des Selbst (Les techniques de soie. 1982). Übers. v. Michael Bischoff. In: Ders.: *Schriften in vier Bänden. Bd. IV 1980-1988*. Hg. v. Daniel Defert u.a. Frankfurt am Main 2005, S. 966-999.

Frisby, David P.: Georg Simmels Theorie der Moderne. In: *Georg Simmel und die Moderne*. Hg. v. Hans-Jürgen Dahme. Frankfurt 1984, S. 9-79.

Frischeisen-Köhler, Max: Georg Simmel. In: *Georg Simmel*. Hg. v. Peter Ulrich Hein. Frankfurt 1990, S. 23-70.

Füllehorn, Ulrich: Rilke 1906-1910. Ein Durchbruch zur Moderne. In: *Rilke heute*. Red. Vera Hauschild. Frankfurt 1997, S. 160-180.

Fürnkäs, Josef: Aura. In: *Benjamins Begriffe*. Bd. 1. Hg. v. Michael Opitz u.Erdmut Wizisla. Frankfurt am Main 2000, S. 95-146.

Ganslandt, Herbert R.: Ernst Mach. In: *Enzyklopädie Philosophie und Wissenschaftstheorie*. Bd. 2: H-O. Hg. v. Jürgen Mittelstraß. Stuttgart 1995, S. 730-732.

Gumbrecht, Hans Ulrich: Epiphanien. In: *Dimensionen ästhetischer Erfahrung*. Hg. v. Joachim Küpper u. Christoph Menke. Frankfurt 2003, S. 193-222.

Habermas, Jürgen: Simmel als Zeitdiagnostiker. In: *Georg Simmel. Philosophische Kultur*. Berlin 1986, S. 7-18.

Hamburger, Käte: Die Kategorie des Raums in Rilkes Lyrik. In: Rilke und Kassner. In: Blätter der Rilke-Gesellschaft 15, 1988, S. 35-42.

Heftrich, Eckhard: *Die Philosophie und Rilke*. Freiburg/München 1962.

Heitmann, Annegret: Die Moderne im Durchbruch (1870-1910). In: *Skandinavische Literaturgeschichte*. Hg. v. Jürg Glauser. Stuttgart/Weimar 2006, S. 183-229.

Höllerer, Walter: Die Epiphanie als Held des Romans. In: Akzente Heft 2/3 (1961), S. 125-136.

Hohenester, Adolf: Einleitung. In: Ernst Mach: *Populär-Wissenschaftliche Vorlesungen (1923)*. Hg. v. Karl Acham. Wien 1987, S. XV-XXXVII.

Holthusen, Hans Egon: *Rainer Maria Rilke*. Hamburg 2004[35].

Iber, Christian: *Subjektivität, Vernunft und ihre Kritik*. Frankfurt am Main 1999.

Iser, Wolfgang: *Das Fiktive und das Imaginäre*. Frankfurt 1993.

Iser, Wolfgang: *Der Akt des Lesens. Theorie ästhetischer Wirkung*. München 1994[4].

Iser, Wolfgang: Von der Gegenwärtigkeit des Ästhetischen. In: *Dimensionen ästhetischer Erfahrung*. Hg. v. Joachim Küpper u. Christoph Menke. Frankfurt am Main 2003, S. 176-202.

Jaeggi, Rahel: *Entfremdung. Zur Aktualität eines sozialphilosophischen Problems*. Frankfurt am Main 2005.

Kierkegaard, Sören: *Über den Begriff der Ironie mit ständiger Rücksichtig auf Sokrates (Om Begrebet Ironi med stadigt Hensyn til Socrates. 1841)*. Hg. u. übers. v. Emanuel Hiersch. Gütersloh 1998[4].

Kierkegaard, Sören: *Die Tagebücher 1834-1855*. Hg. u. übers. v. Theodor Haecker. Leipzig 1941[2].

Kierkegaard, Søren: *Die Krankheit zum Tode (Sygdommen til Døden.* 1849*)*. Übers. v. Gisela Perlet. Stuttgart 1997.

Kierkegaard, Søren: *Der Begriff Angst (Begrebet Angest* 1844*)*. Übers. v. Gisela Perlet. Reinbek bei Hamburg 1960.

Kierkegaard, Søren: Das ästhetische und das ethische Stadium. In: *Kierkegaard-Brevier*. Hg. v. Peter Schäfer u. Max Bense. Wiesbaden 1951.

Kierkegaard, Sören: *Entweder – Oder (Enten – Eller.* 1843). Übers. v. Christoph Schrempf. Leipzig 1939.

Klinger, Cornelia: *Flucht Trost Revolte. Die Moderne und ihre ästhetischen Gegenwelten.* München/Wien 1995.

Klotz, Volker: *Die erzählte Stadt. Ein Sujet als Herausforderung des Romans von Lesage bis Döblin.* München 1969.

Köhnen, Ralph: *Sehen als Textkultur. Intermediale Beziehungen zwischen Rilke und Cézanne.* Bielefeld 1995.

Köhnen, Ralph: Das physiologische Wissen Rilkes und seine Cézanne-Rezeption. In: *Poetik der Evidenz. Die Herausforderungen der Bilder in der Literatur um 1900.* Hg. v. Helmut Pfotenhauer u.a. Würzburg 2005, S. 140-162.

Kruse, Arnold: *Auf dem extremen Pol der Subjektivität. Zu Rilkes ‚Die Aufzeichnungen des Malte Laurids Brigge'.* Wiesbaden 1994.

Küster, Bernd: *Transzendentale Einbildungskraft und ästhetische Phantasie.* Hanstein 1979.

Leppmann, Wolfgang: *Rilke.* Wiesbaden 1996.

Liessmann, Konrad Paul: *Kierkegaard.* Hamburg 1993.

Luhmann, Niklas: *Liebe als Passion.* Frankfurt am Main 1994.

Lukács, Georg: *Die Theorie des Romans* (1916). München 2002^2.

Lunding, Erik: Jens Peter Jacobsen. In: *Probleme des Erzählens in der Weltliteratur.* Hg. v. Fritz Martini. Stuttgart 1971, S. 195-211.

Lutz, Bernd: *Metzler Philosophen Lexikon.* Stuttgart 1989, S. 729-732.

Mach, Ernst: *Erkenntnis und Irrtum. Skizzen zur Psychologie der Forschung (1905).* Darmstadt 1976.

Mader, Johann: *Philosophie in der Revolte.* Wien 1993.

Martini, Fritz: Nachwort. In: Arno Holz, Johannes Schlaf. *Papa Hamlet. Ein Tod.* Stuttgart 1963.

Missac, Pierre: *Walter Benjamins Passage (Passage de Walter Benjamin.* 1987) Übers. v. Ulrike Bischoff. Frankfurt am Main 1991.

Möhrmann, Renate: *Der vereinsamte Mensch. Studien zum Wandel des Einsamkeitsmotivs im Roman von Raabe bis Musil.* Bonn 1976[2].

Nägele, Horst: *J.P. Jacobsen.* Stuttgart 1973.

Nalewski, Horst: *Rainer Maria Rilke in seiner Zeit.* Leipzig 1985.

Neumann, Gerhard: Semiose zwischen Bild und Schrift. In: *Inszenierungen in Schrift und Bild.* Hg. v. Gerhard Neumann u. Claudia Öhlschläger. Bielefeld 2004, S. 81-108.

Opitz, Michael: Ähnlichkeit. In: *Benjamins Begriffe.* Bd. 1. Hg. v. Michael Opitz u. Erdmut Wizisla. Frankfurt am Main 2000, S. 15-49.

Opitz, Michael: Lesen und Flanieren. Über das Lesen von Städten, vom Flanieren in Büchern. In: *Aber ein Sturm weht vom Paradiese her. Texte zu Walter Benjamin.* Hg. v. Michael Opitz und Erdmut Wizisla. Leipzig 1992, S. 162-181.

Petersen, Jürgen H.: Der Leser als Souverän. In: Ders.: *Der deutsche Roman der Moderne. Grundlegung – Typologie – Entwicklung.* Stuttgart 1991, S. 68-98.

Pfotenhauer, Helmut: *Sprachbilder. Untersuchungen zur Literatur seit dem achzehnten Jahrhundert.* Würzburg 2000.

Rehm, Walter: *Der Dichter und die neue Einsamkeit. Aufsätze zur Literatur um 1900.* Göttingen 1969.

Ringleben, Joachim: *Die Krankheit zum Tode von Sören Kierkegaard. Erklärung und Kommentar.* Göttingen 1995.

Rittner, Volker: Krankheit und Gesundheit. Veränderungen in der sozialen Wahrnehmung des Körpers. In: *Die Wiederkehr des Körpers.* Hg. v. Dietmar Kamper u. Christoph Wulf. Frankfurt am Main 1982, S. 40-51.

Rodewald, Dierk u. Corinna Fiedler (Hg.): *Samuel Fischer – Hedwig Fischer. Briefwechsel mit Autoren.* Frankfurt am Main 1989.

Rohde, Peter P.: *Kierkegaard.* Hamburg 2002[24].

Rossel, Sven Hakon: *Skandinavische Literatur 1870-1970.* Stuttgart 1973.

Ryan, Judith: ‚Hypothetisches Erzählen': Zur Funktion von Phantasie und Einbildung in Rilkes ‚Malte Laurids Brigge'. In: *Jahrbuch der deutschen Schillergesellschaft.* Hg. v. Fritz Martini u.a. Stuttgart 1971, S. 341-374.

Scherpe, Klaus R.: Nonstop nach Nowhere City? Wandlungen der Symbolisierung, Wahrnehmung und Semiotik der Stadt in der Literatur der Moderne. In: Ders.: *Die Unwirklichkeit der Städte. Großstadtdarstellungen zwischen Moderne und Postmoderne.* Reinbek bei Hamburg 1988, S. 129-152.

Schlegel, Friedrich: Athenäums-Fragmente [53]. In: Ders.: *Charakteristiken und Kritiken I (1796-1801).* (= *Kritische Friedrich-Schlegel-Ausgabe.* 2. Bd. Hg. v. Ernst Behler). München 1967.

Schmidt-Wiegand, Ruth: Der burde have vaeret Roser: Jens Peter Jacobsen und die Überwindung des Naturalismus in Deutschland. In: *Beiträge zur deutschen und nordischen Literatur.* Hg. v. Hans Werner Seifert. Berlin 1958, S. 359-376.

Schoolfield, George C.: Rilke und Skandinavien. In: *Rilke – ein europäischer Dichter aus Prag.* Hg. v. Peter Demetz u.a. Würzburg 1998, S. 115-125.

Seel, Martin: *Ästhetik des Erscheinens.* München/Wien 2003.

Sennett, Richard: *Fleisch und Sein. Der Körper und die Stadt in der westlichen Zivilisation.* Flesh and Stone. 1994) Übers. v. Linda Meissner. Berlin 1995.

Seifert, Walter: *Das epische Werk Rainer Maria Rilkes.* Bonn 1969.

Siep, Ludwig: Johann Gottlieb Fichte. In: *Klassiker der Philosophie.* Hg. v. Otfried Höffe. München 1981[2], S. 40-61.

Simmel, Georg: Soziologie des Raumes (1903). In: *Aufsätze und Abhandlungen 1901-1909* (= Georg Simmel: *Gesamtausgabe.* Hg. v. Otthein Rammstein. Bd. 7). Frankfurt am Main 1995, S. 132-183.

Simmel, Georg: Die Großstädte und das Geistesleben (1903). *In Aufsätze und Abhandlungen 1901-1909* (= Georg Simmel: *Gesamtausgabe.* Hg. v. Otthein Rammstein. Bd. 7). Frankfurt am Main 1995, S. 116-131.

Simmel, Georg: Rodin (1918). In: *Philosophische Kultur.* (= Georg Simmel: *Gesamtausgabe.* Hg. v. Otthein Rammstein. Bd. 14). Frankfurt am Main 1995, S. 151-165.

Simmel, Georg: Die Ruine (1907). In: *Philosophische Kultur. Über das Abenteuer, die Geschlechter und die Krise der Moderne.* Berlin 1986, S. 118-124.

Simmel, Georg: Lebensanschauung (1918). In: Georg Simmel: *Gesamtausgabe.* Bd. 16. Hg. v. Gregor Fitzi u. Otthein Rammstedt. Frankfurt am Main 1999, S. 212-425.

Simmel, Georg: *Die Philosophie des Geldes* (1901). Hg. v. David P. Frisby u. Klaus Christian Köhnke (= Georg Simmel: *Gesamtausgabe.* Bd. 6. Hg. v. Otthein Rammstedt). Frankfurt am Main 1989.

Sommer, Manfred: *Evidenz im Augenblick. Eine Phänomenologie der reinen Empfindung.* Frankfurt 1996.

Sørensen, Bengt Algot: *J.P. Jacobsen*. München 1990.

Sørensen, Bengt Algot: Dekadenz und Jacobsen-Rezeption in der deutschen Literatur. In: *Horizonte. Festschrift für Herbert Lehnert*. Hg. v. Hannelore Mundt, Egon Schwarz, William J. Lillyman. Tübingen 1990, S. 92-111.

Stach, Reiner: *100 Jahre S. Fischer Verlag 1886-1986. Kleine Verlagsgeschichte*. Frankfurt am Main 1986.

Stahl, August (Hg.); Deutungsaspekte. In: Rainer Maria Rilke: *Prosa und Dramen* (= Rainer Maria Rilke: *Werke*. Komment. Ausg. in 4 Bd. Hg. v. Manfred Engel, Ulrich Fülleborn u.a. Bd. 3). Darmstadt 1996, S. 891-909.

Steffensen, Steffen: *Rilke und Skandinavien*. Kopenhagen 1958.

Stockhammer, Robert: *TopoGraphien der Moderne. Medien zur Repräsentation und Konstruktion von Räumen*. München 2005.

Vietta, Silvio: *Ästhetik der Moderne. Literatur und Bild*. München 2001.

Vietta, Silvio: *Der europäische Roman der Moderne*. München 2007.

Vietta, Silvio u. Dirk Kemper: *Ästhetische Moderne in Europa. Grundzüge und Problemzusammenhänge seit der Romantik*. München 1998.

Voss, Dietmar: Die Rückseite der Flanerie. In: *Die Unwirklichkeit der Städte. Großstadtdarstellungen zwischen Moderne und Postmoderne*. Hg. v. Klaus R. Scherpe. Reinbek bei Hamburg 1988, S. 37-60.

Wagner-Egelhaaf, Martina: *Mystik der Moderne. Die visionäre Ästhetik der deutschen Literatur im 20. Jahrhundert*. Stuttgart 1989.

Warning, Rainer: *Pariser Heteropien*. München 2003.

Wiesing, Lambert: Einleitung. In: *Philosophie der Wahrnehmung*. Hg. v. Lambert Wiesing. Frankfurt am Main 2002, S. 9-64.

Wischmann, Antje: *Ästheten und Décadents. Eine Figurenuntersuchung anhand ausgewählter Prosatexte der Autoren H. Bang, J.P. Jacobsen, R.M. Rilke und H. v. Hofmannsthal*. Frankfurt am Main 1991.

Witte, Bernd: Paris – Berlin – Paris. Zum Zusammenhang von individueller, literarischer und gesellschaftlicher Erfahrung in Walter Benjamins Spätwerk. In: *Passagen. Walter Benjamins Urgeschichte des neunzehnten Jahrhunderts*. München 1984, S. 17-26.

Wolff, Theodor: Einleitung zur ersten deutschen Ausgabe 1889 (Auszug). In: *Niels Lyhne*. Stuttgart 1984, S. 245-255.